카뮈와 사르트르

반항과 자유를 역설하다

카뮈와 사르트르

반항과 자유를 역설하다

ⓒ 강대석 2019

초판 1쇄	2019년 10월 18일		
지은이	강대석		

출판책임	박성규	펴낸이	이정원
편집주간	선우미정	펴낸곳	도서출판 들녘
편집진행	이수연	등록일자	1987년 12월 12일
디자인진행	김정호	등록번호	10-156
편집	박세중·이동하	주소	경기도 파주시 회동길 198
디자인	조미경	전화	031-955-7374 (대표)
마케팅	김신		031-955-7381 (편집)
경영지원	김은주·장경선	팩스	031-955-7393
제작관리	구법모	이메일	dulnyouk@dulnyouk.co.kr
물류관리	엄철용	홈페이지	www.dulnyouk.co.kr

ISBN	979-11-5925-454-3 (03100)	CIP	2019032794

이 도서의 국립중앙도서관 출판예정도서목록(CIP)은 서지정보유통지원시스템 홈페이지(http://seoji.nl.go.kr)와 국가자료공동목록시스템(http://www.nl.go.kr/kolisnet)에서 이용하실 수 있습니다.

값은 뒤표지에 있습니다. 파본은 구입하신 곳에서 바꿔드립니다.

인문
교양
027

<금강산 철학포럼>

카뮈와 사르트르

반항과 자유를 역설하다

강대석 지음

푸른들녘

우리는 왜 카뮈와 사르트르의 철학과 맑스주의의 관계를 규명해야 하는가?

2016년에 나온 『망치를 든 철학자 니체 vs. 불꽃을 품은 철학자 포이어바흐』, 2017년에 나온 『루소와 볼테르』에 이어 세 번째로 출간되는 이 책은 '반항의 철학자'로 알려진 알베르 카뮈(Albert Camus, 1913~1960)와 '자유의 철학자'로 알려진 장폴 사르트르(Jean-Paul Sartre, 1905~1980) 사이에서 벌어지는 가상의 논쟁을 다루었다.

실존주의와 연관되는 작가이자 철학자였던 카뮈와 사르트르는 제2차 세계대전 전후의 프랑스를 무대로 자신의 철학을 펼쳐나갔다. 이들은 나치에 대항하여 싸운 투사들이었으며 무신론적인 휴머니스트들이었다. 두 사람은 철학적인 저술은 물론 소설과 희곡을 통해 자신의 세계관을 제시하였는데, 그 공로로 둘 다 노벨문학상 수상자로 결정되기도 했다. 그러나 말년에 두 사람 사이에는 의견 차이가 나타났고 결국 그것 때문에 결별하기에 이르렀다. 주로 식민지 문제와 연관된 정치적 견해 차이였다.

이들은 공산주의자들과 협력하기도 했고 맑스주의를 비판하기도 했다. 그러므로 이들의 공통된 이념과 상반된 이념이 무엇이며 이들의 철학과 맑스주의가 어떤 관계에 있는가를 규명하는 것은 현대 철학을 이해하는 데 매우 중요한 열쇠가 된다. 그것은 곧 이 책의 핵심 과제이기도 하다.

이 철학포럼에 헝가리의 철학자 루카치 죄르지(Lukacs Georg, 1885~1971)를 토론자로 초대했다. 현대 철학과 문학에 조예가 깊으며 미학의 거장이라고 할 수 있는 루카치는 맑스주의적인 입장에서 카뮈와 사르트르에게 많은 질문을 던지고 비판도 서슴지 않을 것이다. 카뮈와 사르트르도 맑스주의에 관심을 가졌고 루카치도 실존주의에 관심을 보였기 때문에 좋은 토론이 이루어질 것으로 기대된다. 이 토론을 지켜보는 독자들은 자기 감정에 충실하며 위선을 거부하고 진실만을 말한다는 『이방인 L'Étranger』의 주인공 뫼르소는 과연 거짓말을 하지 않았는가, 왜 사르트르는 대부분의 작가들이 염원하는 노벨문학상 수상을 거부했는가, 베트남전쟁의 내막은 무엇인가 등에 대한 해답을 얻을 수 있을 것이다.

이번 토론 장소는 금강산 삼일포다. 동남아의 아름다운 명승지이며 관동팔경의 하나에 속하는 삼일포를 토론 장소로 선택한 것은 이 토론에 관심이 많은 중국, 러시아, 일본의 방청객들을 위한 배려에서였다. 이번 계기를 통해서 세계인민은 물론 남과 북의 철학자들도 통일에 더 많은 관심을 갖게 된다면 금상첨화가 아닐 수 없다. 아무쪼록 이 토론이 사회정의의 실현은 물론 세계 평화의 진전에 기여하기 바란다.

차 례

철학자의 삶을 조명하다

금강산 삼일포

포럼의 문을 열며

사회자 여기 아름다운 금강산 자락에 자리 잡은 삼일포 단풍관에 모이신 청중 여러분, 그리고 세계 곳곳에서 이 토론을 지켜보고 계시는 시청자 여러분, 안녕하십니까? 저는 지난번에 이어 다시 이 철학포럼의 사회를 맡은 한국의 강물입니다.

먼저 이 포럼에 참석하시는 세 분의 철학자를 소개해드리겠습니다. 우선 이번 포럼의 주인공은 카뮈와 사르트르 선생님입니다. 이와 함께 토론의 객관성과 질을 높이기 위해 헝가리의 루카치 선생님을 토론자로 초청하였습니다. 멀리서 와주신 세 철학자 선생님들과 이 토론을 지켜보기 위해 중국, 러시아, 일본 등지에서 오신 많은 방청객들을 진심으로 환영합니다.

그리고 어려운 상황에도 불구하고 이 철학포럼의 성사를 위해서 적극 협조해주고 지원까지 아끼지 않았던 남과 북의 학술기관에 진심으로 감사를 드립니다. 그럼 먼저 포럼에 참석하신 세 선생님의 인사말이 있겠습니다. 연장자이신 사르트르 선생님께서 시작해주세요.

사르트르 안녕하십니까? 나는 지난 두 번의 철학 논
쟁을 재미있게 지켜보았고 토론에도 잠깐 참여
하였습니다. 이 토론의 주인공으로 초청된 것을
무한한 영광으로 생각합니다. 나는 1954년 중국에
방문한 적은 있습니다만 한국을 방문하는 것은
처음입니다. 천하절경이라는 금강산의 이야기를
한두 번 들은 것이 아니기 때문에 즐거운 마음으

사르트르

로 여기에 왔습니다. 특히 옛 동지였던 카뮈 선생과 철학적인 논쟁을
하게 되어 감회가 새롭습니다. 날카로운 철학 저술로 명성을 날린 루
카치 선생님이 참석한 것도 반가운 일입니다. 다만 선생님이 너무 혹
독한 비판을 하지 않을까 걱정입니다. 이 토론을 지켜보고 있는 온
세계의 시청자들을 위해 성심껏 토론에 임하겠습니다. 감사합니다.

(청중 박수)

카뮈 안녕하십니까? 여덟 살이나 연장이신 사르트르
선생님을 처음 만났을 때 나는 배우는 입장이었습
니다. 그러나 인생관이 확고해지면서 나는 나대로
의 길을 걸었습니다. 오늘 이 아름다운 금강산을
배경으로 사르트르 선생님과 대등한 입장에서 철
학 토론을 하게 된 것을 무한한 영광으로 생각합니
다. 나는 대학에서 철학을 전공했지만 전문적인 철

카뮈

학자는 아닙니다. 물론 철학적인 에세이를 내기도 했습니다만 나는 그저 삶을 사랑하는 작가일 뿐입니다. 철학에 해박한 두 선생님과의 토론을 통해서 많은 것을 배우겠습니다. 감사합니다.

(청중 박수)

루카치 안녕하십니까? 두 분의 철학 논쟁에 내가 끼어들어 방해나 되는 것은 아닐까 걱정이 됩니다. 나는 헝가리 태생으로 독일에서 철학과 문학을 공부했습니다. 카뮈와 사르트르 선생처럼 나도 나치의 박해를 받았고 나치에 대항해서 싸웠습니다. 그런 의미에서 우리는 동지와 같다고 생각합니다. 그것이 이 포럼의 초청을 수락하게

루카치

된 동기입니다. 물론 내 철학의 근본적인 입장은 맑스주의입니다. 그러므로 이번 철학 논쟁도 맑스주의적 입장에서 이루어질 것입니다. 두 철학자는 맑스주의를 이해하고 있을 뿐만 아니라 비판하기도 했기 때문에 좋은 논쟁이 될 것 같습니다. 분단의 고통을 겪고 있는 이 나라의 민중들에게도 맑스주의 철학이 결코 무관하지 않을 것이라 생각합니다. 감사합니다.

(청중 박수)

철학을 낳은 삶, 철학자의 생애

강물 그럼 토론을 시작하겠습니다. 토론의 첫 번째 주제는 두 선생님들의 생애에 관한 것입니다. 먼저 두 선생님께서 자신의 생애를 간단히 소개해주시고, 이어서 루카치 선생님이 보충 질문을 해주시기 바랍니다. 제2차 포럼에서처럼 이번 포럼에서도 다른 철학자나 일반인의 질문은 받지 않고 루카치 선생님에게만 질문에 대한 권한을 드리겠습니다. 단, 필요한 경우 당사자 간의 질문이나 사회자의 질문이 있을 수 있습니다.

사르트르 나는 1905년 6월 21일 파리의 한 중산층 가정에서 태어났습니다. 나의 어머니는 독일과 프랑스의 국경선에 있는 엘자스 지방에 살던 한 독일어 교사의 딸이었습니다. '밀림의 의사'로 유명한 슈바이처 박사와는 사촌지간이었습니다. 해군 장교로 복무하시던 아버지가 바다에서 얻은 병으로 돌아가시자 어머니는 곧 나를 데리고 당시 파리에서 독일어 교수를 하던 외할아버지 집으로 옮겨 갔습니다.

어려서부터 외가에서 이방인처럼 자란 나는 자신을 강하게 주장

유년 시절 사르트르

하지 않으면 안 되었는데, 상황이 상황이니만큼 소유보다는 능력으로 나의 존재를 정당화할 수밖에 없었습니다. 그래도 나의 인생은 외할아버지의 서재에서 책과 함께 시작되었고 그곳은 나의 정신적인 고향이 되었습니다.

내가 열한 살이 되었을 때 어머니는 아버지의 친구였던 해군 기술장교와 재혼하셨습니다. 나는 다행히 공부를 잘하여 1924년에 천재들의 집합소인 프랑스 고등사범학교에 입학할 수 있었습니다. 여기서 시몬 드 보부아르(Simone de Beauvoir, 1908~1986)와 폴 니장(Paul Nizan, 1905~1940), 장 이폴리트(Jean Hyppolite, 1907~1968)를 만나 친구가 되었습니다. 나는 첫 번째 졸업 시험에서 낙방했으나, 열심히 공부하여 그 다음 해에는 학교를 수석으로 졸업하고 철학 교사 자격증을 획득했습니다.

졸업 후에는 고등학교에서 철학 교사로 근무하였고 그사이에 군 복무도 끝냈습니다. 1933년에는 독일에 있는 '프랑스 연구소'의 장학생으로 베를린에 머물면서 독일의 철학자 에드문트 후설(Edmund Husserl, 1859~1938)과 마르틴 하이데거(Martin Heidegger, 1889~1976)를 연구했습니다. 귀국 후 다시 철학 교사로 근무하면서 1938년에 첫 소설 『구토 _La Nausée_』를 발표했습니다. 1943년에는 나의 초기 철학 주저인 『존재와 무 _L'être et le néant_』가 나왔고, 나는 계속해서 소설, 희곡, 철학 에세이 등을 집필했습니다. 나의 저술들은 무신론적이고 좌파적인 내용 때문에 1948년에 금서 목록에 들어가기도 했습니다.

1952년에 빈에서 열린 공산주의*자들의 평화를 위한 민중대회에 참석한 후 소련, 중국, 쿠바 등 사회주의** 국가들을 방문하였습니다. 1960년에는 실존주의***와 맑스주의****를 접목시키려 했던 나의 후기 주저『변증법적 이성비판Critique de la raison dialectique』제1권이 나왔습니다. 1964년에 노벨문학상 수상자로 선정되었으나 수상을 거부했습니다. 말년에는 주로 프랑스 작가 귀스타브 플로베르(Gustave Flaubert, 1821~1880)의 연구에 몰두했습니다.

에드문트 후설

마르틴 하이데거

카뮈 나는 1913년 11월 7일 알제리 동부의 항구 도시 안나바에서 그리 멀지 않은 몽도비 근처의 한 농촌에서 프랑스 이주민의 둘째 아들로 태어났습니다. 나의 아버지는 그곳에서 프랑스 포도주 제조 회사

---

* 마르크스와 레닌에 의하여 체계화된 프롤레타리아혁명 이론에 입각한 사상. 재산의 공동소유가 옳다고 주장하며 생산수단의 사회화와 무계급 사회를 지향한다. 공산주의자들이 계급 지배의 도구라고 여기는 국가가 철폐되고 생산수단의 사회화가 실현된 사회 경제 체제.

** 사유재산제도를 폐지하고 생산 수단을 사회화하여 자본주의 제도의 사회적·경제적 모순을 극복한 사회제도를 실현하려는 사상 또는 그 운동. 공산주의, 무정부주의, 사회민주주의 따위를 포함하는 넓은 개념이다.

*** 19세기의 합리주의적 관념론이나 실증주의에 반대하여, 개인으로서의 인간의 주체적 존재성을 강조하는 철학. 19세기의 키르케고르와 니체, 20세기 독일의 하이데거와 야스퍼스, 프랑스의 마르셀과 사르트르 등이 대표자이다.

**** 마르크스 사회주의. 마르크스와 엥겔스가 확립한 혁명적 사회주의 이론. 또는 그에 바탕을 둔 사회운동. 변증법적 유물론과 사적 유물론, 정치경제학의 세 부분으로 이루어져 있으며, 자본주의사회에 내재된 생산력과 생산관계의 모순을 극복하기 위해서는 프롤레타리아혁명을 통하여 사회주의사회로 이행해야 한다고 주장하였다.

의 직원으로 근무하고 있었습니다. 일찍부터 고아가 되었던 아버지는 프랑스군의 보병으로 군 복무를 마치고 1909년에 스페인계 여자와 결혼했습니다. 아버지보다 세 살 연상이었던 어머니는 몸이 약하고 내성적인 성격이었으며 일생동안 문맹자였습니다. 내가 태어난 지 구 개월째 되었을 때 제1차 세계대전이 일어나고 아버지가 다시 군에 소집되자 어머니는 외갓집이 있는 알지에 시로 옮겨갔습니다. 아버지는 전투에서 입은 부상으로 1914년 10월 11일 병원에서 돌아가셨습니다. 아버지의 갑작스런 죽음으로 충격을 받은 어머니는 이전에 가지고 있던 청각장애에 더해 언어장애까지 가지게 되었습니다.

청소부로 일했던 어머니는 사람들과의 교제를 기피하였고 자녀들에게도 무관심했기 때문에 엄격한 성격의 외할머니가 우리들의 가정교육을 맡았습니다. 초등학교에 들어간 후 열심히 공부했던 나는 루이 제르맹 선생의 도움으로 장학금을 받고 알지에 인문학교에 입학할 수 있었습니다. 고교 시절에는 축구와 수영을 매우 좋아했는데 불행하게도 폐결핵 증세가 나타나 중단했습니다. 그때의 꿈은 교사가 되는 것이었습니다. 그러나 철학 교사였던 장 그르니에(Jean Grenier, 1898~1971) 선생의 영향으로 철학에 관심을 갖게 되어 알제리 대학 철학과에 입학하게 되었습니다.

대학에 다니면서 너무 성급하게 결혼을 했고 결국 이혼하게 되었습니다. 1934년에는 알제리 공산당에 가입하여 아랍인들 사이에서 선전 활동을 했으나 다음 해에 탈당했습니다. 그 뒤에는 주로 연극 활동에 몰두하면서 문학 작품 창작에도 눈을 돌렸습니다. 1939년에

알제리 독립 전쟁

쓴 소설 『이방인』 때문에 나는 일약 유명 작가가 되었습니다. 제2차
세계대전이 일어났을 때는 군에 입대하려 하였으나 건강상의 문제로
거부되었습니다. 1940년에 재혼하여 파리로 거처를 옮겼습니다. 이듬
해에 알제리의 오랑에서 철학 에세이 『시시포스 신화 Le Mythe de Sisyphe』
를 쓰기 시작하여 1942년에 출간했습니다.

1941년에 가브리엘 페리(Gabriel Péri, 1902~1941)가 독일군에 의해 처
형되자 나는 나치에 저항하는 운동에 가담하기로 결심했고, 저항 그

룹의 비밀신문인 〈콩바*Combat*〉의 편집에 참여했습니다. 전쟁이 끝나고 1946년에 미국을 여행했습니다. 1949년에는 남아메리카 여행을 했으며 1951년에 두 번째 철학 에세이 『반항인*L'Homme révolté*』을 냈습니다. 1953년에는 동부 베를린에 머물면서 반정부 운동을 지원했습니다. 1954년에 알제리 독립 전쟁이 일어나자 나는 모든 폭력에 반대하며 평화를 호소했습니다. 1957년에 노벨문학상을 수상했습니다.

강물 두 분 선생님 감사합니다. 두 선생님의 생애와 연관하여 궁금한 점이 있다면 루카치 선생님께서 질문해주시기 바랍니다.

카뮈 긴급 요청이 있습니다. 일반 청중, 특히 아시아의 시청자들을 위해서 가장 연장자인 루카치 선생님도 먼저 자기소개를 하는 것이 좋겠습니다.

사르트르 동감입니다.

루카치 고맙습니다. 나는 1885년 4월 13일 헝가리 부다페스트에서 태어났습니다. 아버지는 은행가였고 어머니는 빈의 귀족 가문 출신이었기 때문에 나는 어린 시절을 풍요롭게 보냈습니다. 고등학교 시절에는 문학에 관심이 많았고 희곡과 평론 쓰기를 시도하기도 했습니다. 이후 부다페스트대학에 입학하여 법학과 경제학을 공부했으나, 철학에 더 관심이 많았습니다. 그때 내가 관심을 갖고 공부한 철학자가 생철학[*]을 대표하는 빌헬름 딜타이(Wilhelm Dilthey, 1833~1911)였습니다.

1906년에 경제학 분야에서 학위를 받은 후 헝가리 상무부에서 일했습니다. 1909년에 부다페스트대학에서 철학 박사 학위도 받았습니다. 당시 칼 맑스(Karl Marx, 1818~1883)와 프리드리히 엥겔스(Friedrich Engels, 1820~1895)의 저술도 읽기 시작했지만 큰 감동을 받지는 않았습니다. 1908년에 『근대 희곡의 발전사*Entwicklungsgeschichte des modernen Dramas*』라는 저술을 내어 학계의 인정을 받았고 1909년에 베를린으로 옮겨 독일 고전 철학을 연구했습니다. 1912년에 하이델베르크에 머물면서 막스 베버(Max Weber,1864~1920), 빌헬름 빈델반트(Wilhelm Windelband, 1848~1915) 등과 사귀었고 문학 모임인 '일요서클'에도 참여했습니다. 1914년에 결혼을 한 후 게오르크 헤겔(Georg Wilhelm Friedrich Hegel, 1770~1831)과 맑스를 열심히 연구하기 시작했습니다.

1918년에 헝가리 공산당에 가입했습니다. 1919년에 쿤 벨러(Kun Béla, 1886~1938 또는 1886~1939)가 영도하는 헝가리 혁명공화국 교육부에서 일했는데 공화국이 와해되자 빈으로 망명하였습니다. 빈에서 체포되었으나 토마스 만(Thomas Mann, 1875~1955)을 비롯한 지식인들의 항의에 힘입어 석방되었습니다. 1920년에 모스크바로 갔고 베를린으로 돌아온 후 1923년에 『역사와 계급의식*Geschichte und Klassenbewußtsein*』이

---

* 삶의 체험에서 모든 것을 파악하려고 한 철학. 19세기 중반부터 20세기 초에 걸쳐 유럽에서 일어났는데, 독일 관념론의 합리주의나 과학주의적인 기계론에 반대하고 의지나 직관을 중요하게 여겼다. 쇼펜하우어, 키르케고르, 니체 등이 주장하였다.

칼 맑스

막스 베버

게오르크 헤겔

라는 책을 냈습니다. 이후 파시즘* 정권이 들어서자 다시 모스크바로 망명하여 1945년까지 철학, 문학 이론, 미학 연구에 전념했습니다. 종전 후 헝가리로 귀국하여 대학에서 미학을 강의했고 1956년부터 몇 년간 문화부 장관으로 일했습니다. 이상입니다.

강물 감사합니다. 그럼 질문을 시작해주세요.

루카치 광범위한 두 철학자의 생애에 관해서 이것저것 두서없는 질문을 하기보다는 실문의 범위를 좀 좁혀가는 것이 좋겠습니다. 먼저 두 철학자의 어린 시절에 대해 질문하겠습니다. 사르트르 선생, 아버지의 사망과 어머니의 재혼이 어린 선생에게 슬픔이나 충격을 주지

---

* 제1차 세계대전 후에 나타난 극단적인 전체주의적·배외적 정치 이념 또는 그 이념을 따르는 지배 체제. 자유주의를 부정하고 폭력적인 방법에 의한 일당 독재를 주장하여 지배자에 대한 절대적인 복종을 강요한다. 또한 대외적으로는 철저한 국수주의·군국주의를 지향하여 민족 지상주의, 반공을 내세워 침략 정책을 주장한다.

는 않았습니까?

사르트르 나의 어머니는 원래 사랑도 없이 아버지의 꼬임에 넘어가 결혼한 것 같습니다. 아버지가 죽은 후 어머니는 아버지에 대한 이야기를 거의 하지 않았습니다. 아버지의 죽음은 어머니를 외갓집의 사슬에 묶이게 하였으나 나에게는 자유를 주었습니다. 아버지가 살아 계셨더라면 아버지라는 권위를 이용해 나를 억눌렀을 것이고 나는 자식의 의무를 다하지 못한다는 죄의식을 느끼며 살았을 텐데, 불행인지 다행인지 아버지가 젊은 나이에 돌아가셔서 나는 자유를 획득한 셈입니다.

또 어머니의 재혼으로 어머니와 떨어져 살게 된 것이 열두 살 어린 나에게 슬픔을 주지 않았다고 말한다면 거짓말이겠지만, 나는 교수였으며 자상하고 문학을 사랑했던 외할아버지 곁에서 슬픔을 충분히 이겨낼 수 있었습니다. 연극을 좋아하셨던 외할아버지는 연극 놀이를 통해서 나에게 자신감을 심어주었습니다. 나에게는 기억도 남아 있지 않은 아버지나 새아버지보다도 외할아버지가 삶을 이끌어준 정신적인 지주였습니다.

루카치 카뮈 선생, 모친이 일생 동안 문맹이었다는데 그것 때문에 열등감을 느끼지는 않았습니까?

카뮈 전혀 느끼지 않았습니다. 당시 알제리는 프랑스 식민지였고 비록 가난한 생활을 했지만 프랑스인은 알제리인들보다 우월하다는 생각에 길들여져 있었거든요. 예컨대 당시 모든 프랑스 어린이들은 초등학교에 들어갔지만 알제리 어린이들은 4% 정도만 입학할 수 있었습니다.

루카치 사르트르 선생, 외갓집에서 살면서 소외감을 느끼지 않기 위해서 능력으로 자신을 정당화하지 않으면 안 되었다고 말했는데 그것이 훗날 선생의 철학과도 연관이 됩니까?

사르트르 그렇다고 말할 수 있지요. 외갓집에서 나는 이방인 혹은 침입자라는 느낌을 받았고 자신의 능력에 의해서만 다른 사람들과 어울릴 수 있다고 생각했습니다. 사람의 본질은 태어나면서부터 이미 결정되어 있는 것이 아니라 그때그때의 선택에 의해서 결정된다는 내 실존주의적 입장은 어린 시절의 체험과 직결됩니다.

루카치 카뮈 선생, 앞에서 말한 것처럼 식민지에서 사람들이 양분되고 어느 한쪽이 더 우월감을 갖고 살아갈 때 선생은 무엇인가 정의롭지 않다는 생각을 하든가 혹은 양심의 가책 같은 것을 느끼지는 않았습니까?

카뮈 훗날에는 정의가 무엇인가를 생각하기 시작했습니다. 그러나 어린 시절에는 그러한 상황을 당연하게 받아들였습니다. 1830년에 프랑스 식민지가 된 알제리는 프랑스의 한 주처럼 되어 다른 식민지와는

제2차 세계대전

분위기가 달랐습니다. 어린 시절에 나는 외갓집의 조그만 방에서 어머니, 형과 함께 살았는데 방에는 전기나 수도가 없었습니다. 우리보다 잘 사는 아랍인들도 있었고 우리보다 더 못사는 프랑스인들도 있었지요. 우리는 별다른 생각 없이 우리에게 주어진 삶을 운명으로 받아들였습니다.

강물 제가 두 선생님께 묻겠습니다. 두 선생님은 모두 아주 어렸을 때 아버님을 잃었습니다. 그것도 전쟁 때문에 말입니다. 선생님들은 혹시 그것 때문에 전쟁에 대한 증오심 같은 것을 가지게 된 것은 아닙니까?

사르트르 솔직히 말하면 어렸을 때는 전쟁이란 어쩔 수 없는 일이고 운이 없는 사람이 전쟁 중에 죽는 것이라고 생각하면서 별로 신중하게 받아들이지 않았습니다. 그러나 학교에 들어가 역사와 철학을 배우면서 전쟁의 부당함과 잔인함을 깨닫게 되었습니다.

카뮈 나는 전쟁 그 자체보다는 아버지의 죽음을 통해서 우리 가족에게 불어닥친 불행 때문에 전쟁을 싫어했습니다. 한 가지 기억에 남는 것은 어머니로부터 아버지가 군에 복무하면서 포로들을 처형하는 장면을 목격하고 집에 와서 먹은 음식을 토했다는 이야기를 들은 것입니다. 나는 인간이 인간을 법에 의해 처형하는 사법살인을 혐오하게 되었습니다.

루카치 죄송한 말씀입니다만 훤칠한 미남인 카뮈 선생에 비해 사르트르 선생은 키도 작고 외모가 그리 출중한 편은 아닌 것 같습니다. 선생의 외모가 삶에 미친 영향이 있습니까?

사르트르 크게 영향을 미치지는 않았습니다. 사실 나는 사시이기 때문에 어떤 사람들은 나를 '사팔뜨기'라 비웃기도 했습니다. 그러나 나는 작가이자 철학자로서 인간의 정신적인 능력을 더 중요시하기 때문에 외모에 큰 신경을 쓰지 않았습니다. 사람이 태어날 때부터 유죄 판결을 받아서야 되겠습니까? 그렇지만 무의식적으로 외모에서 오는 약점을 창작이나 철학과 같은 정신적인 능력을 통해서 극복하려 했는지도 모릅니다. 여하튼 나에게는 산다는 것과 글을 쓴다는 것이 동일했습니다. 소유에 큰 관심이 없었던 나는 훗날 파리에서도 대부분 자택이 아니라 호텔에서 지냈습니다.

강물 사르트르 선생님은 자서전에서 니장을 특별한 친구로 묘사했는데 그는 누구였습니까?

사르트르 그는 내가 루이 14세 고등학교에 다닐 때부터 사귄 친구였습니다. 본래 철학을 좋아했던 그는 고등학교 때 맑스주의 철학에 빠졌습니다. 그는 소설도 쓰고 평론도 썼는데, 나치에 저항하다가 독일군에게 살해되었습니다. 아까운 친구입니다. 그가 살아 있었다면 현대 프랑스 철학을 주도하는 인물이 되었을 것입니다.

강물 카뮈 선생님께 묻겠습니다. 일반적으로 식민지에 사는 외국인들은 비교적 호화로운 삶을 누립니다. 예컨대 한국에 오는 미국인들은 초기부터 지금까지 가난과는 거리가 먼 풍족한 삶을 누리고 있습니다. 그런데 프랑스 이주민이었던 선생님의 가정은 왜 그렇게 빈곤했습니까?

카뮈 1830년 알제리가 프랑스의 식민지가 되자 프랑스의 하층민들, 범죄자들, 모험심 있는 자들이 부자가 될 수 있다는 꿈을 안고 알제리에 왔습니다. 나의 조상도 그랬습니다. 알지에 시에는 부유한 유럽인들이 사는 지역, 가난한 아랍인들이 사는 지역, 가난한 유럽인과 아랍인이 서로 섞여 사는 빈민가가 있었습니다. 일찍이 고아가 된 나의 아버지는 빈민가에 살면서 포도주 회사 직원으로 일하며 겨우 생계를 유지하였습니다. 물론 알제리로 온 프랑스 이주민들에게는 보이지 않는 특권이 있었습니다. 예컨대 같은 일을 해도 알제리 노동자보다 많은 임금을 받았습니다. 그러나 알제리에서는 다른 식민지에서처럼 원주민을 과하게 착취하는 일은 없었습니다. 인종적·종교적·문화적 차이는 있었지만, 알제리의 아름다운 자연 속에 섞여 살던 하층 민중들은 다 같이 서로를 동정하면서 가난을 이겨가는 데 열중했습니다.

강물 사르트르 선생님과 카뮈 선생님은 둘 다 어린 나이에 아버지를 잃었지만 어려움을 극복하고 문학과 철학에서 인류를 위해 훌륭한 업적을 남겼습니다. 두 선생님은 어려서 부모를 잃은 많은 사람들에게 교훈과 용기를 주고 있습니다. 두 선생님께 박수를 부탁드립니다.

(청중 박수)

우리는 왜 철학을 공부해야 하는가

강물 '철학은 무엇 때문에 존재하는가?' '철학의 핵심 과제는 무엇인가?' '오늘날 철학은 우리에게 어떤 도움을 줄 수 있는가?' 등의 문제를 둘러싸고 많은 논쟁이 벌어집니다. 철학은 인간이 어떻게 살아야 하는가를 제시해주는 세계관이 되어야 한다는 주장도 있고, 철학은 소수의 한가한 지식인들이 향유하는 지적인 유희에 불과하다는 비판도 있으며, 오늘날 철학은 삶의 문제에 대해 아무런 해답도 줄 수 없기 때문에 언어 분석과 같은 구체적인 문제에 전념해야 한다는 입장도 있습니다. 먼저 두 선생님께 묻겠습니다. 두 분은 어떤 동기에서 철학에 관심을 갖기 시작했나요?

사르트르 나는 대학에서 정식으로 철학을 전공하거나 철학 박사 학위를 받지는 않았습니다. 문학을 좋아했기 때문에 어렸을 때의 꿈은 작가가 되는 것이었습니다. 그러나 고등사범학교에서 철학을 배우면서 철학이 없이는 올바른 문학도 불가능하다는 사실을 깨닫게 되었습니다. 그 당시에 나는 고등학교 철학 교사가 되기 위해 일반적인 철학만을 공부하였으나, 나중에 철학 교사를 하면서 철학을 더 깊게 공부해야 한다는 사실을 깨닫고 독일에 가서 전문적인 철학 연구를 하게 되었습니다. 그러므로 나는 주로 책을 통해서 독자적으로 철학 공부를 했다고 말할 수 있습니다.

카뮈 나는 고등학교에서 그르니에 선생님의 영향을 받고 철학에 관심을 갖기 시작했습니다. 건강문제와 빈곤으로 고통받던 나는 철학 속에서 삶의 고뇌를 이겨내는 '영웅적인 치료약'을 찾으려 했습니다. 그러나 처음에는 열심히 공부하지 않았습니다. 철학보다는 사랑이나 문학에 더 관심이 많았기 때문입니다. 신문에 발표된 나의 첫 글도 수필입니다. 이후 철학 교사 자격증을 얻기 위해서 열심히 공부했습니다. 졸업논문은 「헬레니즘과 기독교, 플로틴과 아우구스티누스」였는데 훗날 『기독교 형이상학과 신플라톤주의*Christian Metaphysics and Neoplatonism*』라는 이름으로 출간되었습니다. 이 논문에서 나는 고대의 휴머니즘과 기독교 신학을 대비하면서 휴머니즘을 옹호하는 입장을 취했습니다. 그러나 건강상의 이유로 자격증을 받진 못했습니다. 문필가가 될 운명이었던 것 같습니다.

강물 저는 현대 철학의 가장 중요한 세 경향이 실증주의*, 맑스주의, 실존주의라고 생각합니다. 그런데 실증주의는 세계관으로서의 철학을

---

* 모든 초월적인 사변(思辨)을 배격하고 관찰이나 실험으로써 검증할 수 있는 지식만을 인정하려는 태도.

부정합니다. 그에 대해서 세 선생님의 의견을 듣고 싶습니다.

사르트르 인간이 어떻게 올바른 삶을 살아갈 수 있느냐의 문제는 문학
과 철학이 다 같이 대답해야 할 중요한 문제입니다. 따라서 '그에 대
한 해답은 불가능하고, 그러므로 그것을 추구하는 철학은 무의미하
며 그러한 물음이나 해답 자체가 하나의 사이비 명제'라고 주장하는
실증주의 혹은 그 현대적인 변용인 분석철학*과 언어철학**은 진리
를 얻어가는 방법론적 측면에서는 다소 기여했으나, 결국 철학의 근
본 문제를 외면하며 현상 유지에 만족하는 기회주의적인 지식인들
의 태도라고 생각합니다. 이에 반해 맑스주의와 실존주의는 세계관
의 문제를 철학의 핵심 문제로 다룹니다. 이 둘은 물론 세계관의 문
제를 해명하는 데서 서로 차이를 보이지만 상호 간의 대화를 통해

서 접점을 찾아가고 있습니다. 세계관의 문제가 배제된
철학은 참된 철학이 아닙니다. 나는 자서전에서 "비트
겐슈타인(Ludwig Wittgenstein, 1889~1951)보다는 탐정소설
을 더 즐겨 읽는다"라고 썼는데 그러한 이유에서였습니
다. 비트겐슈타인은 오스트리아의 대표적인 분석철학
자였습니다.

루트비히 비트겐슈타인

---

* 과학과 일상적 언어의 여러 개념이나 명제를 분석하고, 그 의미를 밝히는 것을 목적으로 삼는 철학을
통틀어 이르는 말. 현대 영미(英美) 철학의 주류를 이루는 것으로, 주로 기호나 언어의 분석을 통하여 인
식의 참과 거짓 또는 그 의미를 비판하려는 학문이다.

** 언어의 기능이나 본질 따위를 연구함으로써 인간과 삶과 세계에 대하여 근본적으로 이해하고자 연
구하는 학문.

카뮈 전적으로 동감입니다. 많은 사람들, 특히 실증주의를 옹호하는 사람들은 실존주의나 맑스주의가 이미 낡은 철학이라고 말합니다만, 이 두 철학은 비판의 대상이 될 수는 있어도 아직 그 유효성은 남아 있다고 봅니다. 인간의 본질이 무엇이며 정의로운 삶이 무엇인가를 신중하고 성실하게 해명하려고 노력하기 때문입니다. 실증주의적인 연구 방식으로는 인간이나 사회의 본질이 아니라 현상만이 기술되고 정리될 뿐입니다. 그것은 인간문제를 깊이 고민하지 않고 현실과 적당히 타협하려는 철학이며 지엽적인 과학의 수준으로 후퇴한 철학입니다.

강물 루카치 선생님은 어떻게 생각합니까?

루카치 나도 물론 세계관으로서의 철학만이 인류에게 도움을 줄 수 있다고 생각합니다. 그러나 나는 사회자와는 물론 두 철학자들의 생각과 좀 다른 의견을 갖고 있습니다. 다시 말하면 현대 철학은 크게 맑스주의적인 유물론*과 여타의 관념론**으로 구분된다는 것입니다. 질적으로 실증주의와 실존주의는 크게 차이가 없습니다. 동전의 양면에 불과하지요.

---

* 만물의 근원을 물질로 보고, 모든 정신 현상도 물질의 작용이나 그 산물이라고 주장하는 이론. 이 학설은 고대 그리스의 원자론에서 비롯하였으며, 근대의 기계적·자연과학적 또는 변증법적 유물론에 이르렀다.

** 정신, 이성, 이념 따위를 본질적인 것으로 보고, 이것으로 물질적 현상을 밝히려는 이론. 형이상학에서는 유심론, 인생관·세계관에서는 이상주의라 하며, 주관적 관념론, 객관적 관념론, 선험적 관념론 따위가 있다.

강물 외견상으로 상반되는 것처럼 보이는 실증주의와 실존주의가 같은 맥락에 서 있다는 선생님의 주장은 의외입니다. 그 이유를 간단히 설명해주시기 바랍니다.

루카치 나는 이 문제를 『이성의 파괴*Die Zerstörung der Vernunft*』에서 비교적 자세하게 다루었습니다. 간단히 말하면 실증주의와 실존주의는 모두 영국의 주관적 관념론을 계승하고 변용시킨 철학이라는 것입니다. 현상학*이나 실용주의**도 마찬가지입니다. 이들은 모두 인간의 의식 밖에 독자적으로 존재하는 물질적인 실체를 인정하지 않습니다. 이들 철학은 인간, 사회, 역사에 대한 과학적인 분석을 외면합니다. 이러한 철학들의 궁극적인 목표는 결국 맑스주의의 유물론 철학에 대항하여 노동자들의 혁명 활동을 무력화하는 데 있습니다. 궁지에 몰린 부르주아***지식인들이 다양한 모습의 철학을 들고 나왔습니다만 그 본질에 있어서는 큰 차이가 없습니다.

강물 선생님의 주장은 상당히 과격하다는 생각이 듭니다. 또 선생님의 주장에 대해 두 철학자 선생님의 반론이 많을 것 같습니다. 그러나 이 문제는 잠시 미뤄두고, 철학문제를 핵심적으로 다루는 토론의

---

* 현상을 중요시하는 철학. 세계와 그 내부의 다양한 실재적 또는 상상적인 대상의 존재를 세계가 그러한 것으로서 우리들에게 나타내고 있는 현상과 그 구조를 통하여 연구해간다.

** 실제 결과가 진리를 판단하는 기준이라고 주장하는 철학 사상. 행동을 중시하며, 사고나 관념의 진리성은 실험적인 검증을 통하여 객관적으로 타당한 것이어야 한다는 주장이다.

*** 근대 사회에서, 자본가계급에 속하는 사람.

장에서 다시 다루기로 하겠습니다. 양해해주시기 바랍니다. 다시 사르트르 선생님께 묻겠습니다. 선생님은 후설과 하이데거를 공부하셨고 후설의 영향을 받은 하이데거의 철학을 답습하셨습니다. 후설이 『엄밀한 학문으로서의 철학*Philosophie als strenge Wissenschaft*』을 발표하자 독일의 실존철학자 카를 야스퍼스(Karl Jaspers, 1883~1969)는 그것을 '철학에 대한 배반'으로 혹평했습니다. 후설이 '세계관으로서의 철학'을 거부했기 때문인 것 같습니다. 선생님은 이에 대해 어떻게 생각하십니까?

카를 야스퍼스

사르트르 내가 후설로부터 받아들인 것은 하이데거를 통해서 여과된 철학 방법이지 철학 내용이 아닙니다. 세계관으로서의 철학을 부정하고 철학을 과학처럼 다루는 철학은 '철학에 대한 배반'이라고까지는 말할 수 없지만 현대를 살아가는 인간에게 어떤 삶의 방향도 제시할 수 없기 때문에 바람직한 철학은 아닌 것 같습니다.

루카치 두 선생님께 묻겠습니다. 두 분에게 가장 많은 영향을 끼친 철학자는 누구이며 어떤 이유에서입니까?

카뮈 프리드리히 니체(Friedrich Nietzsche, 1844~1900)입니다. 부르주아사회의 도덕과 문화에 대한 가차 없는 비판이 마음에 들었습니다.

사르트르 후설과 하이데거입니다. 이들은 전통적인 철학을 비판하면서 새로운 시대에 맞는 철학 방법을 제시해주었습니다.

루카치 사르트르 선생은 서구의 양심을 대변하는 행동하는 철학자로서 나치에 저항하여 많은 활동을 했습니다. 그런데 나치의 당원이 되었고 나치 시절에 프라이부르크 총장이 되어 독일 학생들에게 나치의 정신으로 무장하라고 강연한 하이데거의 철학에 매력을 느꼈다니 이해가 잘 안 됩니다. 어떻게 된 일입니까?

사르트르 내가 하이데거의 철학에 관심을 가질 당시는 하이데거가 나치의 추종자로 나타나지 않았을 때입니다. 그 당시 하이데거의 일본인 제자 하나가 나에게 하이데거의 『존재와 시간 *Sein und Zeit*』을 선물로 주었습니다. 나는 이 책에 대해서 큰 거부감을 느끼지 않았습니다. 오히려 현상학적 방법을 존재론에 적용한 참신한 방법에 마음이 끌렸습니다. 나는 그 당시에 하이데거의 정치적인 입장이나 나치와의 연관성을 잘 알지 못했고, 개인의 결단을 통한 실존을 강조하는 그의 철학은 대중을 선동하는 나치의 이념과 연관되지 않는다고 생각했습니다.

강물 카뮈 선생님과 사르트르 선생님께 묻겠습니다. 두 분 다 철학 교사가 되기 위해 철학을 공부했다고 말씀하셨습니다. 오늘날 고등학교에서도 철학 수업이 필요하다고 생각하십니까?

카뮈 절대적으로 필요합니다. 고등학교 시절은 자기 삶에 대한 설계를 하는 시기이기 때문에 인생관이 자리 잡아야 합니다. 올바른 인생관이 무엇인가를 생각하며 나름대로의 행복한 삶을 설계할 수도 있고 애국심이나 세계 평화에 대한 관심을 가지게 될 수도 있기 때문입니다.

사르트르 나도 고등학교에서의 철학 수업이 필수적이라고 생각합니다. 그러나 그 방법과 내용에서 신중을 기해야 합니다. 암기 위주의 방법이 아니라 원전의 일부를 읽고 비판할 수 있는 능력을 길러주어야 합니다. 학생들은 누구나 철학 논문을 써야 합니다. 더 중요한 것은 철학 내용인데 여기서 터부가 있어서는 안 됩니다. 모든 철학이 소개되어야 합니다. 다시 말하면 실존주의와 맑스주의를 똑같은 비중으로 가르쳐야 한다는 것입니다. 학생들은 철학 수업을 통해 비판 능력을 기르고 올바른 세계관을 찾아가야 합니다. 철학이 경시되는 나라의 장래는 보잘것없다는 것이 나의 확신입니다. 한국의 철학 교육 상황은 어떠합니까?

강물 매우 열악한 편입니다. 고등학교는 물론 대학에서도 철학 교육을 경시하는 경향이 점점 강해져가고 있습니다. 실용적인 과목이 철학을 압도하고 있습니다.

루카치 그것은 한국뿐만 아니라 자본주의[*]국가들에서 나타나는 일반적인 현상입니다. 그 원인은 자본가들과 그들의 이익을 고려하는 통치자들의 보이지 않는 조종에 있습니다. 쉽게 말하면 우민화 정책입니다. 참된 철학은 역사와 사회를 과학적으로 분석하고 그 모순들을 척결하며 인간이 인간답게 살 수 있는 미래 사회를 건설하는 것을 목표로 합니다. 그렇게 되면 자본주의의 모순이 자연스럽게 드러나고 학생들은 사회주의 사상에 눈을 돌리게 됩니다. 자본주의국가들은 그것을 막기 위해 실용적인 교육을 강조하고 청년들이 직업을 얻기 위한 경쟁에 몰두하게 만듭니다. 철학 교육을 하는 경우에도 역사철학^{**}이나 사회철학^{***}을 배제하고 자본주의를 옹호하거나 자본주의의 유지에 해가 되지 않는 철학들, 예컨대 실용주의, 실증주의, 구조주의^{****}, 현상학, 네오토미즘^{*****}, 언어철학, 분석철학 등을 참된 철학이라고 가르칩니다. 이런 교육을 받고 자라나는 청소년들은 철학을 아예 경원시하거나 엉터리 철학에 빠져 바보가 되고 맙니다.

---

* 생산수단을 자본으로서 소유한 자본가가 이윤 획득을 위하여 생산 활동을 하도록 보장하는 사회 경제 체제.

** 역사의 생성과 현실을 철학적으로 고찰하고, 역사의 성과와 발전을 어떻게 인식하고 서술할 것인지를 연구하는 철학.

*** 사회 성립의 철학적 근거를 밝히고, 현재 사회의 상태를 비판하며, 나아가 미래 사회는 어떻게 존재하여야 하는지를 연구하는 학문. 철학의 한 분야이다.

**** 어떤 사회현상에서 각각의 요소들보다 서로 얽혀서 기능적 연관을 이루는 하나의 얼개를 우위에 두고 파악하려는 사회학·철학의 한 경향. 프랑스 인류학자 레비스트로스가 소쉬르의 구조 언어학을 응용하여 체계화한 지적 경향이다.

***** 토마스 아퀴나스의 학설을 부활시켜, 현대의 문제를 해명하려고 하는 가톨릭계의 철학 운동.

강물 그러나 올바른 철학을 찾으려고 고심하는 청소년들도 있을 것 같습니다. 너무 비관적으로 볼 수만은 없지요. 청소년들은 정의감에 불타며 항상 옳은 것을 찾고자 하는 의지가 강하니까요.

철학자의 사랑과 결혼

강물 이 시간에는 청중들이 많은 관심을 가지고 있는 두 철학자의 사랑과 결혼에 관해서 토론해보겠습니다. 먼저 사르트르 선생님이 여러 논쟁을 불러일으켰던 '계약결혼'에 대해서 말씀해주세요.

사르트르 그렇습니다. 내 이름을 들으면 철학이나 문학이 아니라 계약결혼을 먼저 떠올리는 사람이 많습니다. 나는 파리 고등사범학교에서 보부아르를 알게 되었습니다. 보부아르는 나 다음으로 공부를 잘하는 학생이었습니다. 우리는 서로 사랑하는 사이가 되었습니다. 졸업을 하면서 우리는 이 년 동안 계약결혼을 하자고 약속했고, 잘 지켰습니다.

그런데 많은 사람들이 우리의 계약결혼을 오해하고 있습니다. 자본주의사회에서는 보통 계약이 외적인 조건과 연관되기 때문입니다. 우리의 계약에는 외적인 조건, 특히 금전문제 같은 것은 포함되지 않았습니다. 또 우리의 계약결혼은 현대의 젊은이들이 상용하는 것 같은 정식 결혼을 위한 예비적인 실험 결혼도 아니었습니다. 우리의 의

도는 인습적인 규범을 거부하고 자유롭게 사랑하는 것이었습니다. 사랑은 소유와는 근본적으로 다르다는 신념의 실현이었습니다.

시몬 드 보부아르

보통 남녀 간에 사랑을 하면 상대방이 자기 소유물이 된 것처럼 착각합니다. 상대방이 다른 남자나 여자에게 눈을 돌리는 것까지 간섭하고 방해합니다. 그러나 사람이 사람을 알아가는 것은 가장 큰 즐거움의 하나이며 우리는 우리가 사랑하는 사람에게서 그러한 즐거움을 빼앗을 권리가 없습니다. 그럼에도 불구하고 인습적인 결혼은 서로에게 그런 권리를 부여합니다. 특히 봉건사회에서는 그 권리가 남자에게만 주어졌습니다.

그러한 권리는 인간의 내면에서 나오는 사랑의 징표가 아니라 봉건주의*와 자본주의의 사회적 규범이 만들어놓은 결과에 불과합니다. 우리는 계약결혼을 통해 상대방에게 어떠한 요구나 강요도 하지 않을 수 있었습니다. 필요한 경우 다른 사람을 사랑할 수 있는 자유도 허용했습니다. 그럼에도 우리는 이 년이라는 시간을 서로에 대한 변함없는 사랑 속에서 잘 보낼 수 있었으며, 일생 동안 그렇게 머물렀습니다. 그러므로 우리들의 계약결혼은 '결혼하지 않는 사랑'이라고 표현하는 것이 더 적합할 것입니다.

---

* 봉건사회의 지배 이념. 상위에 있는 자가 절대적 권력을 가지고 하위에 있는 자를 종속시켜 다스리는 방식이다.

강물 감사합니다. 이어서 카뮈 선생님의 실패로 끝난 첫 결혼에 관해 듣고 싶습니다.

카뮈 가난했던 내가 대학에 입학할 수 있었던 것은 푸줏간을 운영하며 비교적 경제적 여유가 있었던 외삼촌의 도움 덕분이었습니다. 나는 외삼촌의 집에 기거하면서 대학에 다녔습니다. 그런데 외삼촌의 기대와 달리 나는 대학에 입학하자마자 경솔한 사랑에 빠졌습니다. 1932년에 나의 친구 푸셰는 내게 그의 약혼녀인 시몬 이에를 소개해 주었습니다. 그녀는 나보다 한 살 아래였는데 멋쟁이 미인이었습니다. 의사의 딸인 그녀는 값비싼 옷을 입고 다니며 유행의 첨단을 걸었습니다. 대학생은 아니었지만 독서를 좋아했고, 대학 강의실에 들락거리며 청강을 하기도 했습니다. 대학에 나타난 이 공주 같은 아가씨는 뭇 남학생들의 시선을 끌었고, 나는 이 아가씨를 소유하겠다고 마음먹었습니다. 일종의 허영이었습니다. 나는 끈질긴 집념을 발휘해 친구로부터 약혼자를 빼앗고 결혼까지 하였습니다.

　물론 외삼촌은 이 결혼을 반대하셨지요. 그녀와 헤어지든가 자기 집에서 나가든가 둘 중 하나를 선택하라고 선언했습니다. 나는 외삼촌의 집을 나와 직장에 다니면서 나보다 여유가 있었던 형의 집으로 옮겼습니다. 우리는 1934년에 결혼했지만 정상적인 결혼이 아니었습니다. 우리는 신혼 첫날밤을 떨어져서 보냈습니다. 시몬은 나에게 계속 존댓말을 사용했습니다. 다행히 의사였던 장모의 도움으로 우리는 셋방을 얻을 수 있었습니다. 당시 스무 살이었던 나는 마냥 행복했습니다. 낭만적이고 변덕이 심한 성격이었던 시몬을 위해 나는 많은 노력을 했습니다. 건강을 위해 금연을 권고했으며 시를 써주기도 했습니다. 그러나 나는 시몬이 당시 마약중독자였다는 사실을 미처 알지 못했습니다. 그 사실이 탄로 나면서 우리 사이에는 금이 가기 시작했고, 이후 그녀가 한 의사와 불건전한 관계에 있다는 사실이 밝혀짐으로써 1940년 우리는 이혼하게 되었습니다.

루카치 먼저 사르트르 선생에게 묻겠습니다. 사랑하는 상대방에 대한 관심이나 규제가 바로 사랑의 표시가 아니겠습니까? 사랑하는 상대방으로부터 그런 간섭을 받는다는 것이 자유의 침해가 될 수 있습니까? 남녀가 서로를 사랑한다면 서로를 결속하는 어떤 테두리가 필요하지 않겠습니까? 결혼이란 꼭 형식적인 구속만을 의미하는 것이 아니라, 인간 사이의 공동생활, 다시 말하면 사회의 기초가 아니겠습니까? 모두 사르트르 선생처럼 생각하고 결혼하지 않는 사랑을 한다면 인간 사회의 결속이 무너지지 않겠습니까?

사르트르 일반적인 결혼의 가치를 부정하는 것은 아닙니다. 나는 다만 결혼을 통해서 상대방의 자유, 특히 인권을 제한하려 해서는 안 된다는 사실을 실례로서 보여준 것에 불과합니다. 그리고 그것이 가능하기 위해서는 결혼 당사자 두 사람 모두의 동의가 필요합니다. 상대방의 동의도 없이 그것을 추구한다면 그것은 일종의 자기기만입니다. 나와 보부아르는 철학 속에서 결합되었기 때문에 상호 동의가 가능했는지도 모릅니다.

루카치 카뮈 선생, 친구의 약혼자를 빼앗으면서 양심의 가책 같은 것은 느끼지 않았습니까?

카뮈 강요나 폭력, 또는 속임수에 의한 것이 아니라 세 사람이 서로 마음을 터놓는 공개적인 대화에 의한 결정이었으므로 양심의 가책은 느끼지 않았습니다. 다만 내가 너무 경솔하고 성급했다는 생각 때문에 후회를 많이 했습니다.

강물 카뮈 선생님, 선생님에 관한 일반적인 전기에는 선생님의 첫 결혼에 대한 이야기가 나오지 않던데요.

카뮈 맞습니다. 나는 친구에게나 전기 작가에게나 자세한 이야기는 일체 하지 않았습니다. 공개적으로 발설한 것은 이번이 처음인 것 같습니다. 나는 그 사건을 젊은 시절의 미오쯤으로 묻어두려 했습니다. 내가 아랍인들의 가부장적인 관습에 물들어 무의식적으로 여성의 존엄성에 별 의미를 부여하지 않았기 때문인지도 모릅니다.

강물 그 뒤의 이성 관계는 어떠했습니까?

카뮈 시몬과 헤어지면서 나는 두 번째 결혼을 했습니다. 상대는 프랑신

포르라는 수학을 전공하는 여성이었습니다. 결혼 후 그녀의 집에 기거했는데 그녀는 교사로, 나는 회사 직원으로 근무하면서 생계를 꾸려갔습니다. 그 무렵 나는 비밀리에 알제리 레지스탕스* 그룹과 연관을 맺고 있었는데 그것이 발각되어 프랑스로 쫓겨나게 되었습니다. 프랑신은 쌍둥이 남매를 낳았고 우리는 행복한 가정을 이루었습니다.

강물 선생님의 첫 부인이었던 시몬은 의사의 딸로서 부유한 집안에서 태어났습니다. 그럼에도 불구하고 마약중독에 빠져 행복하지 않은 삶을 산 것 같습니다. 부유한 집의 자녀들이 마약에 빠지는 이유가 무엇이라 생각합니까?

카뮈 기억하고 싶지 않은 일입니다만 간단히 대답하겠습니다. 자본주의 사회에서 부유한 집의 자녀들은 거칠 것 없이 자유롭다고 생각합니다. 돈이 모든 것을 해결해주기 때문입니다. 그러나 내가 항상 주장하고 있는 것처럼 삶은 근본적으로 부조리입니다. 제 아무리 백만장자라 해도 이 부조리를 피해갈 수는 없습니다. 부조리한 삶에서 무의미함을 느끼는 부잣집 자녀들은 대부분 반항 대신 섹스나 마약에서 위로를 찾으려 합니다. 반항을 하며 혁명가가 되는 경우도 있습니다만 그것은 아주 예외적입니다.

---

* 권력이나 침략자에 대한 저항이나 저항운동. 특히 제2차 세계대전 중 프랑스에서 있었던 지하 저항운동을 이른다.

강물 사르트르 선생님은 상대방의 자유를 무한정 허용하는 계약결혼을 생의 마지막까지 잘 유지했다고 말씀하셨는데, 살면서 다른 여성을 사랑해본 적이 한 번도 없습니까?

사르트르 물론 있었지요. 한 번은 멋있는 여학생 하나가 보부아르를 찾아와 철학에 관한 질문을 했습니다. 좀 어려운 문제였기 때문에 보부아르는 그 여학생을 나에게 소개해주었습니다. 나는 예쁘고 똑똑한 그 여학생에게 마음이 끌렸고 우리는 서로 애정을 느끼게 되었습니다. 나는 그 사실을 숨기지 않고 보부아르에게 이야기했습니다. 자유로운 선택의 기회가 주어졌지만 나는 결국 보부아르를 택했습니다. 세 사람 사이에 이성적인 대화가 이루어진 것이지요. 보부아르도 미국 여행 중에 한 남자를 사귀었으나 나처럼 결단을 내리고 다시 내게로 돌아왔습니다. 그러니까 서로 모든 비밀을 털어놓고 대화를 나누며 상대방이 어떤 것을 허용하지 않을 때는 상대방의 의사를 존중하며 과감하게 결단해야 한다는 것이 계약결혼의 기본 조건입니다, 그것은 계약결혼에서뿐만 아니라 모든 남녀 관계, 혹은 인간관계에서 통용되는 기본 원칙이 아니겠습니까?

강물 사회주의국가 안에서는 남녀 간의 사랑이 어떤 모습을 지니는지 궁금합니다. 오랫동안 사회주의국가에서 생활하신 루카치 선생님이 말씀해주시기 바랍니다.

루카치 큰 차이는 없습니다. 사회주의국가에서도 결혼, 이혼, 불륜, 동성 애 등이 있을 수 있습니다. 누드촌도 있습니다. 사람이 사는 사회이니 까요. 한 가지 차이가 있다면 사회주의국가 안에서는 사랑이나 결혼 에 영향을 주는 가장 중요한 요인이 돈이 아니고 사회적 공헌도라는 것입니다. 다시 말하면 부잣집 자녀들보다 사회적으로 공적을 쌓은 젊은이들이 결혼 상대로서 더 선호된다는 것입니다. 동지애가 밑받침 되는 사랑이 가장 바람직한 사랑으로 간주됩니다.

현대사회에서 여성은 어떻게 소외되는가

강물 저는 아우구스트 베벨(August Bebel, 1840~1913)이 쓴 『여성과 사회주의Die Frau und der Sozialismus』라는 책을 읽었던 기억이 납니다. 베벨은 맑스주의 혹은 사회주의적 입장에서 자본주의사회에서 통용되는 여성의 위치나 권리에 대해서 많은 비판을 했습니다. 베벨은 여성운동과 노동운동의 연관성을 밝히면서 사회적 해방 없이는 여성해방도 불가능하며, 남녀평등은 인간에 의한 인간 착취가 사라지는 사회주의적인 사회 안에서만 실현될 수 있다고 주장합니다. 그는 인간 해방을 계급 해방과 일치시키면서 다음과 같이 말합니다.

아우구스트 베벨

Die Frau
und der Sozialismus

August Bebel.

『여성과 사회주의』

"사유재산제도의 확립과 함께 여성이 남성에게 예속되기 시작했고 여성을 멸시하고 억압하는 시대가 도래하였다. 모권은 공산제와 만민평등을 의미한다. 반면 부권의 발생은 사유재산의 지배와 더불어 여성의 예속과 억압이 시작됨을 의미한다."

『여성론』이라는 이름으로 우리나라에서도 번역된 이

책에서 저자는 제1부에서 여성의 지위에 관한 역사적 분석을 시도했고, 제2부에서 결혼과 가족의 의미를 밝혔으며, 제3, 4부에서는 자본주의사회와 사회주의사회에서의 여성의 위치를 비교한 후 미래의 여성상을 제시했습니다. 베벨의 주장에 대한 세 선생님의 의견을 듣고 싶습니다.

카뮈 인간이 남자와 여자로 구분되었다는 사실 자체가 하나의 부조리한 현상입니다. 이러한 부조리에 인간이 어떻게 저항하느냐에 따라서 남녀의 위치가 결정됩니다. 베벨이 말한 것처럼 모권 사회도 있었고 부권 사회도 있었다면 그것은 여자가 얼마나 더 많이 반항하고 투쟁했는가를 말해줍니다. 여성해방이나 남녀평등은 남녀 사이의 정의로운 대화를 통해서도 실현될 수 있습니다. 그러므로 여성해방이나 남녀평등의 문제를 경제적인 문제와만 연관시키는 베벨의 주장에 동의할 수 없습니다.

사르트르 나와 보부아르도 이 책을 읽었고 이 문제를 둘러싸고 많은 고민을 했습니다. 우리가 토론한 내용들을 참조하여 보부아르가 『제2의 성*Le Deuxième Sexe*』이라는 책을 저술했습니다. 보부아르는 우선 우주론, 종교, 미신, 이데올로기, 문학 등에서 남성들이 만들어놓은 신화를 분석하고 "여성은 태어나는 것이 아니라 만들어지는 것이다"라는 결론을 도출했습니다. 다시 말하면 여성적인 것의 본질을 형성하는 데서 생물학적으로 결정되는 '제1의 성'보다도 사회적·문화적 조건에

「제2의 성」

의해 결정되는 '제2의 성'이 더 중요하다는 것입니다. 보부아르는 사회적 조건 중에서도 가정의 경제적 조건이 중요한 역할을 한다는 사실도 간과하지 않았습니다. 희생정신, 체념, 정조, 의무, 도덕 등은 모두 사회적 조건에 의하여 여성에게 강요되어온 가치이며, 그것들은 마치 여성들의 천성과 관계되는 문제인 것처럼 고정관념으로 굳어졌습니다. 이러한 고정관념을 형성하는 데 교회도 큰 역할을 했습니다. 결국 여성의 본질이란 영원히 고정되어 있는 것이 아니라 사회적 조건에 따라 변할 수 있다는 것이 우리들의 결론이었습니다.

루카치 나는 베벨의 주장에 전적으로 동의합니다. 사르트르 선생이 애매한 말로 표현한 사회적 조건의 핵심은 바로 사유재산의 문제입니다. 사유재산이 존재하는 한 사회의 근본적인 문제는 이성적으로 해결될 수 없기 때문입니다.

강물 사르트르 선생님, 보부아르는 그 책에서 여자에 대한 편견을 만들어주는 데 교회도 한몫을 했다고 언급했는데 교회가 왜 여성에 대한 편견을 만들었다고 생각합니까?

사르트르 대부분의 종교는 여자가 남자보다 더 낮은 위치에 있다고 가르칩니다. 종교는 여성들이 남성보다 허약하고 열등하다는 인식을 주입시켜 복종과 수동성을 조장합니다. 가정이나 사회에 능동적으로 참여하는 것을 억제합니다. 여성의 평가절하는 성서의 창세기에서부터 나타납니다. 최초의 여자인 이브가 아담의 갈비뼈로부터 만들어졌다는 것, 여자가 창조된 것은 남자가 심심하지 않도록 하기 위해서였다는 것, 악마의 유혹에 빠진 것도 여자라는 것 등이 그것입니다. 또 아담을 창조한 후 신은 영혼 혹은 이성에 해당하는 숨을 불어넣었는데, 이브를 창조한 후에는 그렇게 하지 않았습니다. 여성을 비하하는 성서의 다른 구절들을 몇 개 더 열거하겠습니다.

여자는 일체 순종함으로 조용히 배우라. 여자가 가르치는 것과
남자를 주관하는 것을 허락하지 아니하노니 오직 조용할지니라.
… 개역개정판 성서 디모데전서 2장 11~12절

여호와께서 모세에게 말씀하여 이르시되 이스라엘 자손에게
말하여 이르라 여인이 임신하여 남자를 낳으면 그는 이레 동안
부정하리니 곧 월경할 때와 같이 부정할 것이며 … 그 여인은
아직도 삼십삼 일을 지내야 산혈이 깨끗하리니 정결하게 되는
기한이 차기 전에는 성물을 만지지도 말며 성소에 들어가지도
말 것이며 여자를 낳으면 그는 두 이레 동안 부정하리니
월경할 때와 같을 것이며 산혈이 깨끗하게 됨은 육십육 일을
지내야 하리라
… 개역개정판 성서 레위기 12장 1~5절

카뮈 여성 비하는 이슬람교에서도 비슷하게 나타납니다. 이슬람교의 성전인 『꾸란』에 의하면 여자는 남자를 위해서 창조되었고 여자는 이 세상에서뿐만 아니라 사후 세계에서도 남자에게 봉사해야 합니다. 그리고 여자는 실제 종교 생활에서도 불이익을 당하는 것 같습니다. 여자는 신부나 주교가 될 수 없고 목사가 되는 것도 어려우며, 가톨릭교에서는 신부들에게는 일정한 사유재산의 소유를 허용하는 반면 수녀들에게는 일체 허용하지 않습니다. 사회자님, 불교에서는 어떻습니까?

강물 불교에서도 스님의 지위는 대부분 남성의 몫이었으며 비구니 스님이 있다 해도 그 지위는 남자 스님을 따르지 못합니다. 남자 스님과 비구니 스님이 만나면 무조건 비구니 스님이 남자 스님에게 큰절을 해야 한다는 말을 들었습니다. 개인의 해탈을 목표로 하는 불교는 다른 종교와 달리 가정이나 사회에서 나타나는 인간 사이의 지배 관계에 큰 비중을 두지 않기 때문에 근본적으로 남녀의 구분을 하지 않지만, 사회적인 남녀의 불평등에 대해서는 무관심한 것 같습니다.

루카치 자본주의사회의 여성 비하는 종교에서보다도 오히려 배금주의 사조와 연관된 여성의 상품화에서 가장 크게 나타난다고 생각합니다. 지난 세기의 많은 부르주아 정치인들은 성의 터부, 특히 종교에서 오는 금기나 억압이 사라질 때 사회가 민주화되고 남녀평등이 실현될 수 있다고 생각했습니다. 그러나 그 터부가 무너진 오늘날 성은 더

저속화되었고 상품화되어 여성을 비하하고 있습니다. 자본주의사회는 여성의 성을 상품화하면서 여성의 가치를 성적인 쾌락에 집중시키고 있습니다. 돈, 상품, 섹스가 서로 결합하여 여성의 존엄성을 무너뜨리고 있습니다. 그러므로 경제적 지배를 주도하는 계층은 성에 대한 권리를 남용하고 경제적으로 소외된 계층은 그 권리마저 박탈당합니다. 약소국가의 노동자들은 결혼하기도 힘듭니다. 사회주의사회에서는 적어도 그런 일은 일어나지 않습니다.

강물 루카치 선생님은 종교도 사회적 산물이라 생각합니까?

루카치 네. 나는 그렇게 생각합니다. 모든 종교는 인간에 의한 인간 착취를 근간으로 하는 사회의 산물이며, 바로 그렇기 때문에 종교 안에 남자가 여자를 억압하고 무시하는 불평등의 습관이 남아 있는 것이지요.

철학자, 나치에 저항하다

강물 여기 참석하신 세 선생님께서는 모두 나치의 파시즘에 저항하여 싸우셨습니다. 사르트르 선생님은 나치에 체포되기까지 했으며, 카뮈 선생님도 레지스탕스 그룹의 비밀 신문을 만드는 데 참여하였고, 루카치 선생님은 나치의 파시즘을 피해 소련으로 망명을 하였습니다. 여기서 제가 묻고 싶은 것이 있습니다. 파시즘과 공산주의가 폭력적인 독재 정권이라는 의미에서 비슷하다고 생각하는 사람이 있는 것 같은데 그 사실 여부에 대해서 파시즘의 이데올로기를 파헤치는 데 앞장섰던 루카치 선생님이 해명을 해주시기 바랍니다.

루카치 파시즘이란 금융 자본을 밑받침으로 하는 국수주의[*]적이고 제국주의^{**}적인 독재정치체제를 말합니다. 파시즘은 군사적 통치와 금융자본가들의 지지가 없이는 불가능합니다. 그러므로 파시스트들은

---

[*]　자기 나라의 고유한 역사·전통·정치·문화만을 가장 뛰어난 것으로 믿고, 다른 나라나 민족을 배척하는 극단적인 태도나 경향.

^{**}　우월한 군사력과 경제력으로 다른 나라나 민족을 정벌하여 대국가를 건설하려는 침략주의적 경향.

나치

자본가들의 지배에 대항하여 조직적인 저항을 하는 노동계급을 억압하며, 특히 맑스주의 철학으로 무장한 공산당을 박멸하려 합니다. 그런데 독일 나치Nazi들은 '국가사회주의Nationalsozialismus*'라는 이름으로 자기들의 정체를 은폐하려 하였습니다. 나치란 바로 이 국가사회주의의 약자입니다.

그러나 그 내막을 잘 모르는 사람들은 이러한 이름에 현혹되어 나치와 사회주의가 같은 맥락에 서 있다고 혼동합니다. 또 자본주의국가들은 실제로 그렇게 거짓 선전을 하고 있습니다. 그러나 그 본질상 파시즘의 이데올로기는 극단적인 반공주의입니다. 파시즘은 공산주의 철학의 장·단점이 무엇인지 이성적으로 판단하지 않고 무조

---

* 계급투쟁을 부정하고 자본주의의 폐단을 국가권력의 개입으로 해결하려는 사상. 특히 독일 나치의 이념을 가리킨다.

건 나쁜 쪽으로 몰아붙이는 선동을 일삼으며 폭력과 테러를 주 무기로 사용합니다. 보통 사람들은 나치가 유대인을 박멸하는 데 앞장섰다는 사실만 알고 있는데, 실제로 나치가 유대인 못지않게 박해하고 살해했던 사람들이 공산주의자들이었습니다. 그러므로 나를 포함하여 공산주의 사상을 지지하는 수많은 지식인들이 나치 시절에 투쟁을 하다가 목숨을 잃기도 하고 소련이나 미국으로 망명하기도 하였습니다. 공산주의자들은 가장 용감하게 목숨을 걸고 나치에 대항하여 싸웠습니다. 그 때문에 서구의 양심적인 지식인들이 공산주의를 인정하고 지지하기 시작하였습니다. 파블로 피카소(Pablo Picasso, 1881~1973)가 공산당에 가입하고 찰리 채플린(Charles Chaplin, 1889~1977)이 공산주의자들에 동조한 것도 그러한 이유에서인 것 같습니다. 독일 파시즘은 결국 역설적으로 공산주의의 정당성을 알려주는 데 일익을 담당한 셈입니다.

파블로 피카소

찰리 채플린

강물 설명을 아주 잘 해주셨습니다. 감사합니다. 다음으로 사르트르 선생님께서 자신이 나치에 어떻게 저항했는지, 저항 정신을 일깨우기 위해서 파리에서 공연된 선생님의 희곡은 어떤 내용을 담고 있는지 설명해주시기 바랍니다.

사르트르 나는 1926년 10월부터 1931년 2월까지 군 복무를 했습니다.

1939년에 제2차 세계대전이 일어나자 나는 위생병으로 소집되었고, 1940년 6월에 독일군이 파리를 점령했을 때 독일군의 포로가 되었으나 다음 해에 석방되어 다시 고등학교에서 철학 교사로 일했습니다. 이 시기에 메를로 퐁티(Maurice Merleau Ponty, 1908~1961)와 공동으로 지식인들의 저항 그룹인 '사회주의와 자유'라는 조직을 만들었으나 여의치 않아 그해 가을에 해체하고 대신 문학을 통해 저항의 물결을 일으키려 하였습니다.

그래서 나는 희곡 작품 창작에 손을 대었고, 그렇게 탄생한 최초의 작품이 「파리 떼*Les Mouches*」였습니다. 나는 점령군의 눈을 피하기 위하여 그리스 신화를 소재로 택했습니다. 그리스 비극 작가 아이스킬로스(Aeschylos, 기원전 525(?)~기원전 456(?))의 비극 「오레스테스*Orestes*」를 모방한 것입니다. 오레스테스의 아버지 아가멤논은 어머니와 그의 정부에 의해서 살해되었고 오레스테스는 복수를 위해 고향으로 돌아옵니다. 그때 제우스가 아가멤논의 시체 위에 파리 떼가 몰려 있다고 알려줍니다. 오레스테스는 시민들의 무관심과 종교로의 도피를 비판하며 자유로운 결단에 의해서 복수를 실행합니다. 나는 이 희곡에서 패배한 프랑스인의 자기부정을 비판하며 자유로운 결단에 의해 미래를 준비하라고 호소했습니다. 저항운동은 참다운 민주주의의 실천입니다. 상하의 구분 없이 자유롭게 자신의 역할과 책임을 다하는 저항운동을 통해서 모든 시민은 자신의 자유 속에서 자신을 선택하고 동시에 모두의 자유를 선택하는 것입니다.

그러나 솔직히 말해서 나는 당시 조직을 통한 저항운동보다는 글

오레스테스. 그리스 신화의 인물. 아가멤논과 클리타임네스트라 사이에서 태어났다. 어머니를 죽였다는 이유로 복수의 여신 에리니에스의 추격을 받았다.

을 통한 개인적인 저항운동에 주력했습니다. 1943년에 나온 『존재와 무』에서도 독일군의 눈을 속이기 위해 후설과 하이데거의 철학에 대한 논쟁을 기저로 했습니다만 전체적으로 보면 저항 정신을 고무하는 의미가 숨어 있습니다. 프랑스 지식인들이 공산당에 관심을 갖게 된 것은 나치에 대한 저항 때문이라는 루카치 선생님의 지적은 맞는 말입니다. 나도 그 가운데 한 사람이었습니다.

강물 카뮈 선생님은 한때 공산당에 가입했다가 탈당하셨다는데, 탈당을 하게 된 근본적인 이유는 무엇이었습니까?

카뮈 1930년 알제리에서는 알제리 합병 백 주년을 맞는 프랑스인들의 축제가 열렸습니다. 그러나 곧 불황이 닥쳤고 시대적인 위기감이 나타나기 시작했습니다. 나는 식민지 정책이 무엇인가 잘못되어가고 있다는 것을 의식하기 시작했습니다. 그와 함께 독일 군국주의*가 머리를 들기 시작했고, 이러한 시대적인 분위기는 나로 하여금 정치에 관심을 돌리게 하였습니다.

나는 정치적인 활동을 하고 싶었습니다. 나의 고민을 알게 된 그르니에 선생님은 나에게 알제리 독립운동 비밀단체에 가입할 것을 권했습니다. 이 운동 단체는 자연스럽게 프랑스나 이웃 나라들의 공산당과도 연계되어 있었습니다. 나는 1934년에 알제리 공산당에 가입하여 비밀 활동을 했습니다. 지중해 문화에 빠져 있던 나는 서구 문화에 대항하는 작품을 쓰면서 활동하려 했습니다.

그러나 알제리 민족주의자들 사이에도 의견의 차이가 나타났습니다. 철저하게 공산주의 이론으로 무장하여 독립을 획득해야 한다고 주장하는 그룹도 있었고, 프랑스와 연계하여 나치에 대항하는 것을 주목적으로 하려는 그룹도 있었습니다. 심지어 프랑스 지배에서 벗어나기 위해서 독일이 프랑스를 멸망시켜야 한다고 생각하는 사람들도 있었습니다. 여하튼 당시 나는 맑스주의 철학을 철저하게 공부하지 못한 상태였고 공산주의 혁명이 꼭 정의의 실현과 일치되는 것만은 아니라고 생각했습니다. 많은 고민 끝에 나는 1935년 공산당을 탈

---

* 국가의 가장 중요한 목적을 군사력에 의한 대외적 발전에 두고, 전쟁과 그 준비를 위한 정책이나 제도를 국민 생활 속에서 최상위에 두려는 이념 또는 그에 따른 정치체제.

당했습니다. 이것도 나의 첫 결혼처럼 젊은 날의 방황이라고 생각할 수 있습니다. 그러나 나는 그 후에도 공산당의 정책이나 공산당의 근본 철학인 맑스주의에 거부감을 느꼈습니다.

강물 당시 독일이나 프랑스 지식인들 사이에도 나치에 동조하는 사람들이 있었을 것 같은데 결국 어떻게 되었습니까?

에른스터 윙거

하인리히 만

베르톨트 브레히트

루카치 어느 사회에서나 마찬가지로 집권 세력을 지지하는 지식인들과 거기에 저항하는 지식인들이 있습니다. 독일에도 나치의 이념을 철학적으로 합리화하려는 철학자들이 많았습니다. 이들은 주로 니체의 비합리주의적인 철학을 근거로 독일 민족의 우수성을 내세우는 인종론에 눈을 돌렸습니다. 대표적인 철학자가 에른스터 윙거(Ernst Jünger, 1895~1998)였습니다. 그러나 철학적으로 중립을 지키면서 나치에 가담한 철학자도 있었습니다. 대표적인 예가 하이데거입니다. 나치에 저항했던 대부분의 지식인들은 전후에 동독으로 넘어갔는데 대표적인 예가 하인리히 만(Heinrich Mann, 1871~1950)과 베르톨트 브레히트(Bertolt Brecht, 1898~1956)입니다.

사르트르 프랑스에서는 종전 후 나치에 협력했던 사람들에 대한 대숙청이 벌어졌습니다. 약 구십구만 명이 체포되었고 육천칠백육십여 명이 사형선고를 받았으며, 그 가운데 칠백육십여 명이 처형되었습니다. 많은 지식인들도 처벌을 받았습니다. 다시 말하면 독일에 협력했던 지식인들의 잔재가 철저하게 청산된 것입니다. 그 때문에 전후에 프랑스의 정신이 다시 부활할 수 있었고, 강대한 민주국가도 실현될 수 있었습니다.

강물 선생님의 말씀을 들으니 삼십육 년 동안 일본 제국주의의 침략과 지배를 받고도 일본 패망 후 친일 잔재를 철저하게 청산하지 못한 우리의 과거가 부끄럽게 생각됩니다. 친일 청산이 제대로 이루어졌다면 오늘날 우리가 겪고 있는 사회적 모순도 대부분 없어졌을 것이며, 우리나라도 민주 사회를 향해 눈부신 발전을 이루었을 텐데 말입니다.

노벨문학상 수상, 수락과 거부의 사이에서

강물 두 선생님께서는 모두 노벨문학상 수상자로 선정되셨던 바 있습니다. 선생님들의 작품 활동에 대해서 간단히 소개해주시기 바랍니다.

카뮈 나의 대표적인 소설은 『이방인』 『페스트 *La Peste*』 『전락*La Chute*』이며 「칼리굴라*Caligula*」 등의 희곡도 썼습니다. 1957년에 노벨문학상을 받았습니다.

사르트르 나는 『구토』 『벽*Le Mur*』 『자유의 길*Les Chemins de la liberté*』 등의 소설을 지었으며, 「파리 떼」를 비롯한 다수의 희곡 작품을 썼습니다. 1964년에 노벨문학상 수상자로 선정되었으나 수상을 거부했습니다.

루카치 사회주의국가를 제외한 모든 나라에서 선망의 대상이 되는 노벨문학상의 수상을 거부한 이유는 무엇입니까, 사르트르 선생?

사르트르 간단히 말해서 노벨상이 자본주의국가들끼리 나누어 갖는 일종의 정치적인 산물이라는 생각에서였습니다. 약소국가나 사회주의국가의 작가들에게 이 상이 주어지는 경우는 드뭅니다. 특히 당시에는 미국의 베트남 침략 전쟁이 치열해졌고 나는 이 전쟁의 부당함을 세계 각국에 호소하는 입장에 있었습니다. 따라서 나의 철학적 양심은 미국의 침략 전쟁에 대하여 어떤 항의도 하지 않는 스웨덴의 정치적 입장에 동의할 수가 없었습니다. 또 나는 작가의 공적은 오로지 그가 쓴 작품 속에 들어 있는 것이며 상과 같은 어떤 제도적인 결정에 의해 좌우되는 것이 아니라는 신념을 갖고 있었습니다.

루카치 그렇다면 그 상을 수상한 카뮈 선생의 생각은 무엇이었습니까?

카뮈 나를 비롯해 노벨상을 수상한 대부분의 사람들이 사르트르 선생님처럼 생각하지는 않을 것입니다. 물론 나도 수상이 결정된 날 밤 수상을 거부해야겠다는 생각을 하기는 했습니다. 그러나 나는 어려움 속에 있던 나를 키워준 사람들, 특히 어머니와 제르맹 선생에게 보답을 하고 싶었습니다. 당시 나는 몹시 침체된 상태였습니다. 알제리문제로 정치적인 무력감에 빠져 있었던 것입니다. 나는 알제리의 독립을 지지했지만, 폭력이나 테러를 반대하고 화합을 강조했기 때문에 프랑스 우파와 알제리 좌파 양측 모두에게 비난과 공격을 받고 있었습니다. 이에 글 쓰는 일을 포기하려고까지 마음먹었던 상황에서 노벨문학상 수상 소식은 나에게 용기를 주었고 나는 감사하는 마음으로 수락했습니다.

루카치 스웨덴 아카데미는 선생을 노벨문학상 수상자로 결정한 이유를 '우리 시대 인간 양심의 문제를 신중하게 밝힌 문학 창작' 때문이라고 발표했는데 카뮈 선생은 그에 대해 자부심을 갖고 있었습니까?

뮈엘 베케트

리스 파스테르나크

카뮈 솔직히 말해서 당황했습니다. 노벨문학상은 일생의 작품을 거의 마무리한 사람에게 수여되는 것이 상례이고, 당시 나는 수상 지명에서 이 자리에 계신 사르트르 선생님과, 사뮈엘 베케트(Samuel Beckett, 1906~1989), 보리스 파스테르나크(Boris Pasternak, 1890~1960) 등과 경쟁하는 상태에 있었거든요. 나는 비교적 젊은 나이였고, 시대정신을 그리 양심적으로 반영하지도 못했습니다. 제3세계의 피압박 민중들의 목소리를 대변하지 못했습니다. 그렇지만 식민 지배나 폭력 자체에 대한 거부감을 표시한 것은 사실입니다.

루카치 카뮈 선생은 그 당시 기자들과의 인터뷰에서 작가의 참여 정신을 강조하면서도 작가의 권위와 자유를 주장했습니다. 노벨문학상 수상 연설에서는 핵전쟁에 의한 인류의 파멸을 경고했습니다. 기념 강연에서는 사실주의 문학, 특히 사회주의적 사실주의를 비판했습니다.

묻겠습니다. 작가의 자유는 강대국들의 제국주의적인 식민지 정책에 눈감을 자유도 포함합니까? 핵전쟁의 참화를 방지하기 위해서는 핵을 많이 가진 나라들이 핵을 폐기해야 되겠습니까, 아니면 핵을 많이 가진 강대국들이 약소국가들로 하여금 핵을 갖지 못하도록 압박을 가해야 되겠습니까? 사회주의적 사실주의 문학의 가장 큰 특징은 엘리트가 아니라 민중이 원하는 작품을 써야 한다는 것입니다. 지식인이나 가진 자를 만족시키는 예술이 이 시대의 정신을 대변할 수 있습니까?

카뮈 루카치 선생님이 대답하기 매우 난처한 질문을 하시는군요. 이럴 줄 알았으면 나도 사르트르 선생님처럼 미리 부탁을 할 것을……

(청중 웃음)

카뮈 선생님도 문학과 철학에 조예가 깊으시니 모든 문제가 단순하지 않다는 것을 알고 계시겠지요. 인간과 정치를 보는 작가의 눈은 각각 다르고 어떤 것이 옳다고 강요할 수는 없습니다. 작가는 항상 예술의 독자적인 영역과 현실 사이에서 고민합니다. 그리고 그 고민의 해결 방식을 스스로 찾아야 합니다. 이때 어느 한쪽에 치우쳐서는 안 된다는 것이 나의 신념이었습니다. 내가 생각하기에 사실주의는 너무 현실에, 특히 사회주의적 사실주의는 정치적 현실에 치우쳐 있습니다. 나는 정치나 예술에서 조화와 중용을 강조합니다. 그렇지만 나는 순수예술의 자기기만도 질타했습니다. 그러므로 기념 강연의 마지막에 "무책임한 예술가의 시대는 지났다"고 말한 것입니다.

강물 이 문제는 예술에 대한 논쟁에서 더 깊게 다루기로 하겠습니다. 마지막으로 두 선생님께 묻겠습니다. 선생님들이 가장 좋아하는 작가는 누구이며 그 이유는 무엇입니까?

샤를 보들레르

사르트르 샤를 보들레르(Charles Pierre Baudelaire, 1821~1867)인데 작품보다도 그의 삶 때문입니다. 그는 주어진 불행 속에서 나름대로 선택을 했습니다. 고독과 방종을 선택하였습니다. 자기 나름대로 선택을 하고 거기서 자유를 찾았습니다. 그리고 이러한 자유를 『악의 꽃*Les Fleurs du Mal*』에서 형상화했습니다.

표도르 도스토옙스키

카뮈 표도르 도스토옙스키(Fyodor Mikhailovich Dostoevsky, 1821~1881)입니다. 대학 시절에 그의 소설들을 읽기 시작했습니다. 소설에 나타나는 삶의 부조리, 죄, 자살 같은 문제가 흥미를 끌었습니다. 도스토옙스키는 이러한 문제들로부터 도피하지 않고 삶의 한 모습으로 받아들였습니다. 나는 그의 소설 『카라마조프의 형제들*The Brothers Karamazov*』을 희곡으로 만들어볼 생각을 했고, 그렇게 해서 나온 작품이 「신들린 자들*Les Possédés*」입니다.

루카치 사르트르 선생은 카뮈 선생이 노벨문학상을 받은 지 칠 년이 지난 후에 노벨문학상 수상자로 선정되었습니다. 사르트르 선생이 이상을 거부한 이유는 혹시 후배인 카뮈 선생보다 늦게 수상한 것에 대한 불만 때문이 아니었습니까? 카뮈 선생의 『반항인』은 소련을 비판하며 친미적인 색채가 강한 철학 에세이였습니다. 사르트르 선생은 이 책에 비난의 눈초리를 보냈고 그 때문에 두 사람은 결별을 하게 되었습니다. 사르트르 선생의 수상 거부는 노벨문학상의 질적인 수준을 내심 비웃은 결과는 아닙니까?

사르트르 루카치 선생님은 직설적인 표현을 너무 즐겨 사용하시는군요. 그런 불만이 없을 수는 없겠지요. 예를 들면 1953년에는 영국의 정치가 윈스턴 처칠(Winston Churchill, 1874~1965)이 노벨문학상을 받았습니다. 나는 그가 많은 사람이 인정하는 훌륭한 정치가일지는 몰라도 노벨문학상 수상자로서는 어쩐지 적합하지 않다는 생각을 했습니다. 그는 물론 자서전과 역사 기록을 남겼지만 훌륭한 자서전을 쓴 정치가가 어디 처칠뿐이겠습니까? 그럼에도 그는 당시 경쟁 상대였던 어니스트 헤밍웨이(Ernest Hemingway, 1899~1961)를 물리치고 노벨문학상을 받았습니다. 그러나 내가 수상을 거부한 가장 큰 이유는 나의 정치적인 입장 때문이었습니다.

윈스턴 처칠

어니스트 헤밍웨이

강물 그러니까 선생님은 1958년에 노벨문학상 수상을 거부한 러시아의 작가 보리스 파스테르나크와 같은 입장이었다고 이해해도 되겠습니까?

사르트르 꼭 같은 것은 아닙니다. 그의 수상 거부가 자의에 의한 것인지 타의에 의한 것이었는지 정확히 알 수 없기 때문입니다. 여하튼 그는 노벨문학상 수상을 거부한 최초의 인물이었고 내가 두 번째인 것 같은데 세 번째 사람은 나오지 않기를 바랍니다.

강물 오늘의 토론은 이것으로 마치고 점심을 드신 후 오후에는 온정각 상설 극장에서 두 선생님의 희곡 작품을 재현한 연극을 감상하겠습니다. 연극은 카뮈 선생님의 「정의의 사람들 _Le Justes_」과 사르트르 선생님의 「네크라소프 _Nekrassov_」입니다. 두 작품은 모두 이전의 작품과 달리 신화가 아니라 현대의 정치적 사건을 소재로 하고 있습니다. 특히 사르트르 선생님의 작품은 당대 프랑스 사회를 비판적으로 묘사하고 있습니다.

연극으로 보는 철학자의 사상

첫 번째 공연...

카뮈의 「정의의 사람들」

1949년에 카뮈는 무척 우울한 상태였다. 폐결핵 증상이 자주 나타났기 때문이다. 이 시기에 창작된 「정의의 사람들」에서 카뮈는 전쟁의 발생과 연관하여 그를 괴롭혀왔던 문제, 즉 정의의 문제를 다루려 했다. 희곡의 주제는 '폭력이란 불가피하면서도 의롭지 않은 것'이었다.

연극은 20세기 초 러시아를 배경으로 한다. 주인공은 칼리아예프와 그의 애인 도라다. 이들은 러시아 사회주의 테러리스트들이다. 칼리아예프는 "우리는 더 이상 사람을 죽이지 않고 살아갈 수 있는 세계를 만들기 위해 사람을 죽이는 것이다"라 말하면서 테러의 정당성을 역설한다. 이들은 러시아 황제의 숙부인 대공을 암살하려 한다. 그러나 대공의 마차에 폭탄을 던지는 임무를 맡았던 칼리아예프는 대공과 함께 있는 대공의 어린 조카 두 명을 발견하고 폭탄을 던지지 못한다. 이 때문에 테러리스트들 사이에서는 논쟁이 벌어진다. 과연 대공을 죽이고 독재를 끝내는 것이 인간적인가, 아니면 순진한 아이들을 살리는 것이 인간적인가? 칼리아예프와 도라는 어린아이들이 죽는다면 혁명이 인류 전체의 증오를 받게 된다고 주장하는 반면,

강경파인 슈테판은 그 두 아이들이 죽지 않는다면 수천수만의 어린 이들이 굶주려 죽게 된다고 반박한다. 전제정치를 타도하고 정의를 실현하려는 이들의 신념이 '정의란 무엇인가'라는 문제를 둘러싸고 갈등을 빚는다. 이러한 문제 제기가 이 희곡의 가장 중요한 핵심이 되고 있다.

결국 지도자 아넨코프의 결정에 따라 칼리아예프는 다음 기회를 얻게 되고 테러에 성공한 후 체포되어 사형을 선고받는다. 사형 전에 경시총감이 나타나 잘못을 뉘우치고 사면을 청구하라고 설득하고, 기독교 신자인 대공비가 나타나 죄를 회개하고 하느님의 품에 안기라고 간청하지만 칼리아예프는 결코 굴복하지 않는다. 그는 결연한 자세로 죽음을 맞이한다.

카뮈는 이 희곡을 통해서 『반항인』에서와 마찬가지로 '폭력이 정당한 반항인가'를 묻고 있다. 카뮈는 테러 활동뿐만 아니라 조직적인 혁명 활동에서 나타나는 폭력도 비판한다. 전제정치를 타도하기 위해서 수행된 폭력은 다시 전제정치의 성향을 나타내기 때문이다. 그러나 카뮈는 현상 유지에 봉사하는 보이지 않는 폭력이 더 비인간적이고 더 정의롭지 못하다는 사실을 보지 않았고 그 때문에 반혁명적이고 도덕주의적인 작가라는 비판을 받기도 했다.

두 번째 공연...
사르트르의 「네크라소프」

이 작품은 1952년에 창작되어 1955년에 초연된 사르트르의 정치 코미디다. 이 작품의 주제는 '국제적인 긴장 완화에 가장 큰 방해가 되는 조직적인 반공주의에 대한 비판'이며, 그러한 비판만이 세계 평화의 유지에 기여하게 될 것이라고 작가는 말했다.

희곡의 줄거리는 다음과 같다. 프랑스 정부가 지원하는 우파 신문 〈파리 석간〉의 기자인 시빌로의 딸 베로니크는 좌파 신문의 기자다. 정부와 손을 잡고 있는 〈파리 석간〉의 사장은 기자들에게 더 많은 반공 기사를 써 다가오는 보궐선거에서 우파가 당선되게 해야 한다고 강조한다. 뿐만 아니라 프랑스도 독일과 함께 재무장하여 소련에 대항해야 한다는 여론을 이끌어내려 한다.

그러던 어느 날 경찰의 추적을 받던 사기꾼 드 발레라가 베로니크의 방으로 도망해 온다. 그때 너무 안이한 기사를 쓴다고 비판을 받으며 다음 날까지 특종 기사를 쓰지 않으면 쫓겨날 것이라는 경고를 받은 시빌로가 힘이 빠져 집에 도착한다. 이 사실을 알게 된 드 발레라는 자기가 소련에서 사라졌다는 내무부 장관 네크라소프가 될 테니 그것으로 한몫 챙기라고 설득한다. 다음 날 시빌로는 드 발레라와 함께 신문사에 나타나 드디어 소련에서 사라진 네크라소프가 자유를 찾아 프랑스로 왔다고 선언한다. 신문사는 흥분하였고 가짜 네크라소프는 자기 역을 충실하게 수행하면서 소련이 프랑스를 침공할 경우 살해할 이십만 명의 명단을 갖고 있다고 말한다. 기자들은 그 명단 안에 자기 이름이 들어 있다는 것을 확인하고 안심하지만 신문사 사장만은 그 명단에 자기 이름이 빠져 있어 고민한다. 명단에 빠져 있다는 것은 철저한 반공주의자가 아니라는 것을 말해주기 때문이다. 수사기관에서는 네크라소프의 진위를 확인하기 위해서 그를 이전에 소련에서 망명해 온 데미도프와 대면시키지만, 네크라소프의 설득에 넘어간 데미도프는 거짓으로 그가 진짜라고 확인해준다.

이들의 입을 통해 소련의 수용소와 강제 노동의 실태가 신문에 알려지자 반공 소동이 벌어진다. 결국 좌파 후보자는 사퇴하고, 가짜 네크라소프의 살해 명단에 들어 있는 사람들은 우파 후보자를 중심으로 명예로운 단체를 조직하여 자랑스럽게 그 표식을 달고 다닌다. 이때 소동에 휩쓸리지 않고 진실을 파헤치려 노력하는 유일한 사람이 베로니크인데, 드 발레라는 그녀의 정의심에 감동하여 결국 자기의 사기 행각을 고백하게 된다.

사르트르가 이 희극을 쓰게 된 직접적인 동기는 미국과 소련을 둘러싼 당대의 냉전 상황이었다. 당시 나토의 미군 장성 리지웨이가 프랑스를 방문했는데, 프랑스 공산당은 그가 한국전쟁에서 세균전을 시도했다는 이유로 항의 시위를 벌였다. 이 시위를 둘러싸고 우파 신문들은 프랑스 공산당이 소련의 지원을 받은 것이라고 공격을 가했다. 이에 정부는 곧바로 좌파 신문 편집장 스틸과 프랑스 공산당 서기장 뒤클로를 체포했는데, 뒤클로를 체포할 당시 발견한 죽은 비둘기 두 마리를 중요한 증거로 내세웠다. 그것은 뒤클로가 모스크바로 날려 보내려 했던 우편용 비둘기라는 것이었다.

사르트르는 그것이 황당무계한 매카시즘* 수법임을 간파하였다. 그는 작품을 통해 이러한 반공 소동을 비판하려 하였다. 희곡 중 나오는 우익 신문은 카뮈가 주도하고 있던 〈콩바〉지를 암시하고 있다. 이 희곡은 우파들로부터 반미적이고 친소적이라는 비판을 받았고 그 때문에 크게 성공하지는 못했지만 냉전의 해소에 기여했다는 평가를 받기도 했다. 특히 이 희곡의 논쟁 속에는 무분별한 반공 책동이 자국의 인민과 노동자들에게 커다란 손해를 야기한다는 사실이 암시되어 있어 작가의 폭넓은 통찰력이 엿보인다.

---

*   극단적이고 초보수적인 반공주의 선풍. 또는 정적이나 체제에 반대하는 사람을 공산주의자로 몰아 처벌하려는 경향이나 태도. 1950년대 초에 공산주의가 팽창하는 움직임에 위협을 느끼던 미국의 사회적 분위기를 이용하여 매카시가 행한 선동 정치에서 유래한다.

둘째 날

철학자의 사상을 들여다보다

둘째 날

철학자의 대표 저술들

강물 모두들 안녕히 주무셨습니까? 연극 공연도 잘 감상하셨습니까? 토론을 계속하겠습니다. 어제는 두 철학자 선생님의 생애에 관한 토론이 중심이었다면 오늘은 철학문제에 관한 토론을 하겠습니다. 두 선생님께서는 많은 철학 저술을 내셨는데 그 가운데 대표적인 저술은 각각 1942년과 1951년에 출간된 카뮈 선생님의 『시시포스 신화』와 『반항인』, 1943년과 1960년에 출간된 사르트르 선생님의 『존재와 무』와 『변증법적 이성비판』이라 할 수 있겠습니다.

이제부터 이 책들을 중심으로 토론을 시작하겠습니다. 깊은 토론에는 시간이 많이 필요하기 때문에 여기서는 핵심적인 문제만을 다루기로 하겠습니다. 출간 연대순으로 두 선생님의 대표 저술들에 대한 토론을 진행하겠습니다. 철학문제는 좀 어려운 측면이 있으니 청중 여러분께서는 특별히 경청해주시기 바랍니다. 수고해주실 세 선생님께 다시 한 번 박수를 부탁드립니다.

(청중 우레 같은 박수)

···· **삶의 부조리를 사랑하라, 『시시포스 신화』**

강물 첫 번째로 『시시포스 신화』에 대한 토론을 진행하겠습니다. 먼저 저자인 카뮈 선생님께 이 책에 대한 간단한 소개를 부탁드립니다.

카뮈 '부조리에 관한 시론'이라는 부제가 붙어 있는 이 책에 대한 구상은 이미 1936년에 시작되었습니다. 당시 나는 어려운 상황에 처해 있었습니다. 폐병 때문에 교사 자격증을 받는 데 필요한 면접시험을 포기해야 했고 결혼이 파탄 났으며, 알제리 공산당과 결별했습니다. 밥벌이마저도 걱정해야 했습니다. 나는 절망에 빠졌고 어디선가 출구를 찾아야 했습니다. 신이나 이성에 대한 신뢰가 무너진 상황에서 나는 철학으로 눈을 돌렸습니다. 그러나 내가 추구한 철학은 체계적인 형이상학이 아니라 삶의 의미를 묻는 철학이었습니다.

나는 인간의 부조리한 상황을 그리스 신화의 인물, 시시포스에 비유했습니다. 제우스 신의 처벌을 받아 지하에 갇힌 시시포스는 무거운 바윗돌을 굴리고 올라가 해방되려 하지만 돌의 무게 때문에 다시 지하로 떨어지고 맙니다. 그럼에도 그는 포기하지 않고 계속 아무런 의미도 없는 노력을 계속합니다. 나는 인간도 시시포스처럼 아무런 의미도 없는 삶을 계속 살아가고 있다고 생각했습니다.

이렇게 부조리한 상황 앞에서 인간이 취하는 태도는 크게 두 가지로, 하나는 자살이며 다른 하나는 종교로의 도피입니다. 그러나 종교로의 도피도 일종의 자살입니다. 나는 실존철학에서 말하는 초월

「시시포스Sisyphos」, 티치아노 베벨리오(Tiziano Vecellio, 1488~1576), 1549.

자를 찾는 방식도 '철학적인 자살'에 불과하다고 생각했습니다. 초월
적인 것으로의 도피마저 무의미하다고 생각하는 사람들은 결국 자
살을 생각하지 않을 수 없었습니다. 내가 이 책의 첫마디를 "정말로
신중한 철학문제는 단 하나밖에 없는데 그것은 자살이다"라는 말로
시작한 것은 바로 그 때문입니다.

그러나 정말 자살이 최후의 수단일까요? 나는 부조리를 극복할
수 있는 다른 방법을 생각해냈습니다. 바로 반항입니다. 부조리한 삶
자체를 사랑하며 운명에 반항하는 것입니다. 절망적인 상황에서도
인간은 삶을 포기하거나 회피해서는 안 됩니다. 그것에 반항해야 합
니다. 바로 사랑을 통한 반항입니다. 주어진 삶을 있는 그대로 사랑
함으로써 삶의 무의미를 해소해버리는 것입니다. 그것이 내가 독자

들에게 전달하고 싶은 메시지였습니다.

강물 말씀 감사합니다. 그럼 먼저 루카치 선생님께서 카뮈 선생님의 설명에 대해 질문해주세요.

루카치 선생이 절망적이라 파악한 부조리한 삶은 자본가와 노동자, 침략하는 사람들과 침략을 당하는 사람들, 외세에 동조하는 사대 매국노들과 그에 저항하는 애국 투사들에게 모두 해당되는 것 같은데 선생은 거기에서 질적인 차이를 보지 못했습니까?

카뮈 이들의 질적인 차이를 보기 위해서는 투철한 세계관과 역사의식이 있어야 하는데 당시 나는 거기까지는 이르지 못했으며 개인의 문제에 집착하고 있었습니다.

사르트르 부조리한 삶으로부터 도피하고자 하지 말고 부조리 그 자체를 사랑함으로써 부조리를 극복하라는 선생의 말씀에 동감입니다. 그러나 인간의 경우 삶의 부조리한 상황이나 모순은 인간 그 자신과 무관하게 존재하는 것이 아니라, 그 스스로가 선택하여 만들어낸 것이 아니겠습니까? 다시 말하면 부조리를 인정하고 사랑하는 반항의 방식뿐만 아니라 그것을 척결하는 투쟁의 방식도 일종의 선택이 아니겠느냐는 말입니다.

카뮈 선택을 통한 개인적인 결단에 의해서 소멸될 수 있는 부조리는 철학적인 부조리가 아니며, 그런 부조리라면 내가 그처럼 고민하지도 않았을 것입니다. 선생님의 생각에는 인간의 이성에 대한 신뢰가 어느 정도 남아 있었던 것 같은데 나에게는 그것이 총체적으로 무너졌습니다. 나는 그러한 신뢰는 희망 사항이고 편견의 산물이라고 생각했습니다.

강물 선생님은 부조리한 삶에 직면하면서 철학에 눈을 돌린 것 같은데 선생님의 이념 형성에 영향을 미친 사상가는 누구입니까?

아르투어 쇼펜하우어

카뮈 삶이 무의미하다는 것을 가르쳐준 철학자는 아르투어 쇼펜하우어(Arthur Schopenhauer, 1788~1860)이며, 무의미한 삶을 파괴하고 새로운 가치를 창조하라고 가르쳐준 니체로부터 삶에 대한 사랑을 배웠습니다. 도스토옙스키는 소설을 통해 자살의 의미가 무엇인지 깨닫게 해주었습니다.

강물 선생님을 이 책을 파스칼 피아(Pascal Pia, 1903~1979)에게 헌정하였는데 그는 누구입니까?

카뮈 그는 알제리 좌파 신문 〈민주전선〉의 편집장이었는데, 나는 1938년에 이 신문의 리포터로 일했습니다. 피아는 나를 정신적으로 고무해주었습니다. 훗날 그는 파리에서 지하신문 〈콩바〉지의 편집장을 맡았는데 그때 우리는 작업 속에서 결속된 동료였습니다.

루카치 명석한 두뇌를 가진 예술가로 정평이 나 있는 카뮈 선생이 부조리의 근원을 자본주의적인 사회구조와 연관시키지 못하고 인간의 어쩔 수 없는 운명으로 받아들인 점은 매우 실망스럽습니다. 역사의식과 사회의식이 너무나 결여되어 있습니다. 당시 이미 맑스주의 철학 서적들이 나와 자본주의사회의 모순과 자본주의사회에서 살아가고 있는 사람들의 소외문제를 날카롭게 파헤치고 있는 상태였습니다. 나는 자본주의사회에서의 소외를 물신주의Verdinglichung라는 말로 표현했습니다. 다시 말하면 돈이 중심이 되는 물질이 신격화되어 인간을 지배하는 현상입니다. 그런데 선생은 거기에 전혀 관심이 없었습니까?

카뮈 없었을 수가 있겠습니까? 나도 한때는 맑스주의에 심취했었습니다. 그러나 맑스주의의 철학이 지니는 오류를 발견하였고 그것을 훗날의 저술 『반항인』에서 비교적 자세하게 서술하였습니다.

강물 삶은 전체적으로 부조리이며 아무런 의미도 없다는 생각은 염세주의 철학자 쇼펜하우어의 철학을 연상하게 하는데 쇼펜하우어가 선생님의 사상에 직접적인 영향을 미쳤습니까?

카뮈 쇼펜하우어가 준 영향은 간접적인 것이고, 직접적인 영향을 미친 철학자는 니체입니다. 니체가 쇼펜하우어의 염세주의를 극복하고 삶에 대한 사랑을 구가한 것처럼 나도 반항을 통해 삶의 부조리를 사랑할 것을 역설했습니다.

루카치 부조리한 상황을 그대로 놓아두고 그것을 사랑하라는 말은 어쩐지 억지스러운 느낌을 줍니다. 상황 자체를 변화시키려는 노력이 중요하지 않을까요?

카뮈 그것이 인간과 세계를 바라보는 나와 선생님의 입장이 지니는 근본적인 차이입니다. 그 차이가 사라진다면 철학이나 예술의 독창성도 사라지겠지요.

···· 스스로 자신의 본질을 선택하라, 『존재와 무』

강물 이어서 『존재와 무』에 대한 토론을 진행하겠습니다. 먼저 저자인 사르트르 선생님께 이 책에 대한 간단한 소개를 부탁드리겠습니다.

사르트르 '현상학적 존재론의 시도'라는 부제가 붙은 이 책은 제2차 세계대전 중에 씌어 1943년에 출간되었습니다. '자유론'이라는 제목을 붙여도 무리가 없을 만큼 자유의 문제를 핵심적으로 다루었습니다.

책에는 모두 스스로의 결단에 의하여 옳은 길을 선택하라는 호소의 의미가 담겼습니다. 방대한 분량의 이 책은 일반 독자들이 소화하기에는 좀 난해한 편입니다. 나는 이 책을 쓰기 전에 독일에 머물면서 후설의 현상학과 하이데거의 존재론을 연구했는데 이 책에는 그들의 영향이 다소 엿보입니다. 그러나 나의 독창성도 들어 있습니다.

나는 우선 하이데거처럼 존재를 분석했습니다. 그리고 인간을 출발점으로 삼았습니다. 나는 의식을 가진 인간 존재와 의식이 없는 사물의 존재를 구분하면서 나의 철학을 시작했습니다. 나는 전자를 대자^{pour-soi}존재, 후자를 즉자^{en-soi}존재라 불렀습니다. 그 자체로 완성되어 있는 사물과 달리 대자존재인 인간은 지금은 있지 않은 어떤 가능성에 의해서 규정됩니다. 나는 그것을 "무^{無, néant}에 의해서 침투되었다"라는 말로 표현했습니다. 대자는 바로 이 무 때문에 선택을 할 수 있는 것이며, 무를 통해 즉자로부터 대자가 되는 것입니다. 따라서 무의 가능성을 지닌 인간은 항상 선택을 하며 선택에 의하여 자신의 본질을 만들어가고 선택에 대한 책임을 져야 한다는 것이 이 책의 핵심적인 내용입니다.

강물 무에 의해서 침투되었다, 매우 멋있는 표현입니다. 사르트르 선생님은 베를린에 머물면서 후설과 하이데거를 공부했고, 이들의 영향을 받아 저술한 이 책의 부제를 '현상학적 존재론의 시도'라 표현했습니다. 『이성의 파괴』라는 책에서 19, 20세기의 부르주아 철학 발전에 대해 자세하게 서술하신 루카치 선생님께서 후설의 철학과 그 입장에 대해서 자세히 설명해주시기를 부탁드립니다.

루카치 매우 중요한 사항입니다. 19세기 중반에 노동운동을 반영하는 맑스주의 철학이 나타나고 많은 사람들이 이에 관심을 갖기 시작했습니다. 이후 20세기에 들어서면서 자본주의가 발전하고 제국주의 시대로 넘어가면서 사회적인 모순이 팽배해졌습니다. 빈부의 갈등, 경제공황, 사회주의혁명, 식민지 독립운동 등이 일어나면서 자본주의의 위기가 고조되었고, 부르주아 철학자들은 이러한 위기의식을 철학에 반영하지 않을 수 없었습니다. 이 시기에 나타난 부르주아 철학의 대표적인 두 방향이 실증주의와 실존주의였습니다. 서로 상반되는 것 같은 이 두 철학의 공통적인 과제는 봉건주의를 비판하면서 이성적인 사회를 구축하고자 했던 이전의 부르주아 철학이 지니는 진보적인 측면을 제거하는 것이었습니다.

베이컨, 홉스, 로크, 데카르트, 라이프니츠, 스피노자, 프랑스 계몽주의 철학자, 칸트에서 헤겔에 이르는 독일 고전 철학은 인간이 이성의 힘으로 자연의 법칙을 인식하며 그것을 이용하여 과학을 발전시키고 이성적인 사회를 건설할 수 있다는 데 동의했습니다. 그러나 생산력이 발전하고 빈부의 격차가 생기면서 모든 인간이 형식적인 평등권을 밑받침으로 행복한 삶을 살아갈 수 있다는 환상이 무너졌습니다. 자본가들은 모든 수단을 동원하여 노동자들을 착취했고 황금만능의 풍조가 만연하여 인간의 존엄성이 무너졌으며 인간은 이익을 얻기 위해 이리처럼 서로 싸우지 않으면 안 되었습니다. 강대국은 식민지를 쟁취하기 위한 전쟁에 휘말렸고 민중의 삶은 도탄에 빠졌습니다. 돈이 지배하는 사회에서는 가진 자나 못 가진 자나 모두 비인간적인 소외를 벗어날 수 없었습니다. 결국 자본주의사회는 자체의 모순에 의해서 무너지지 않을 수 없다는 맑스의 예언이 들어맞기 시작했습니다. 이에 경악한 부르주아 철학자들은 자본주의사회의 위기를 인간 자체의 위기로 해석하면서 그 위기에서 벗어나려 하였습니다.

그렇게 하여 나타난 철학이 바로 실존주의였습니다. 세계의 본질은 이성이 아니고 비합리적인 의지라고 주장하는 생철학의 이념을 이어받은 실존주의는 비합리적이고 신비적인 것으로 도피하면서 자본주의사회의 위기를 극복하려 하였습니다. 그와 함께 현상으로 주어진 것만을 기술하면서 사회의 본질, 세계관의 문제를 철학에서 논외로 하려 했던 실증주의는 사회구조와 사회 발전의 문제를 철학에서 배제하면서 자본주의적 현실에 순응하고 거기서 나타나는 지엽적인 문제만을 개선하려 했습니다.

후설도 이러한 부르주아 철학의 범주를 벗어나지 못했지만, 그의 해결 방식은 매우 독특했습니다. 그는 실증주의와 비합리주의 철학을 극복하고 새로운 철학을 제시하려 하였습니다. 수학자로서 출발한 그는 먼저 철학을 '엄밀한 과학'으로 구축하려 하였으며, 실증주의자들처럼 주어진 현상을 기술하는 것에 만족하지 않고 철학이 어떻게 '엄밀한 과학성'을 유지할 수 있는가를 탐구했습니다.

그러나 결국 후설도 주관적 관념론의 한계를 벗어나지 못했습니다. 아니 처음부터 그는 유물론을 거부하는 입장에서 시작했습니다. 그는 심리학 대신에 논리학을 중시하면서 '본질직관*'이라는 철학적 방법을 제시합니다만 그것도 다분히 신비적인 색채가 농후한 관념론적 방법입니다. 그는 인간의 의식이 물질의 반영이라는 유물론의 근본 명제를 받아들이지 않았습니다. 대상을 '지향해 있는' 의식을 강조하면서 주관 중심의 철학에서 벗어나지 못했습니다. 후설은 전통적인 유물론은 물론 맑스주의의 변증법**적 유물론도 이해하지 못했습니다. 그러므로 인간, 사회, 역사에 대한 과학적 연구를 소홀히 했습니다. 후설의 방법은 의도는 좋았지만 결국 아무런 성과도 얻지 못한 관념의 유희로 끝나고 말았습니다.

강물 다음으로 하이데거에 관한 문제인데 사르트르 선생님은 하이데거의 어떤 점을 수용하셨습니까?

사르트르 하이데거는 인간의 실존 문제에 관심을 돌렸습니다. 세계 안에 던져진 인간은 우선 현존Dasein으로 살아갑니다. 다시 말하면 현대 기계문명 아래서 자기 자신을 잃고 '일상적인 인간das Man'으로서 살아가는데, 하이데거는 그것은 일종의 타락이라고 말합니다. 그저 주어진 외적인 조건에 적응하면서 살아가는 수동적인 존재 방식을

---

* 어떤 사물을 비교·상기(想起)하여 인식하는 것이 아니고, 현상을 직관하여 사물의 본질을 인식하는 일. 독일의 철학자 후설의 용어이다.

** 맑스주의에서 자연·사회 및 사유의 일반적인 운동 법칙·발전 법칙에 관한 과학.

거부하면서 인간은 본래적인 존재 방식인 '실존'이 될 수 있습니다. 다시 말하면 능동적이고 창조적인 인간이 될 수 있다는 것입니다. 그것을 위해 인간은 시간의 중요성을 인식하며 죽음에 대한 선구적 결단을 해야 하고 무에 대한 불안을 느껴야 합니다. 일상적으로 살아가는 무력한 인간이 아니라 자신의 결단 속에서 능동적인 인간이 되어야 한다는 하이데거의 철학에 나는 깊이 공감했습니다.

강물 그렇다면 루카치 선생님은 이러한 하이데거의 철학에 대해서 어떤 비판을 하셨습니까?

루카치 하이데거가 말하는 비본래적인 삶은 결국 일반 대중이나 노동자의 삶입니다. 그러나 하이데거는 이러한 비본래적인 삶이 나타나게 된 근본 원인을 규명하지 않았습니다. 다시 말하면 대중을 무력하게 만드는 자본주의의 사회구조를 분석하지 않은 채 그것을 문명의 발전에서 오는 인간의 운명으로 돌려버리고 말았다는 것입니다. 그렇기 때문에 그는 비본래적인 삶에서 벗어날 수 있는 가능성을 고립된 개인의 결단에서만 찾았습니다. 노동자들의 단결된 투쟁에 의해 사회구조가 변하고 새로운 사회에서 누구나 일상적인 삶을 벗어나 창조적이고 자유로운 삶을 누릴 수 있다는 사실을 알지 못했습니다. 동지애와 같은 것을 알지 못했습니다. 사회와 역사의 발전 법칙을 구체적으로 파악하고 그것이 인간의 삶에 미치는 영향을 규명하려 하지 않는 관념론적인 철학자들이 빠지는 필연적인 오류입니다.

강물 사르트르 선생님이 말한 것처럼 『존재와 무』의 핵심은 현상학이나 존재론의 문제가 아니라 '자유의 문제'인 것 같습니다. 루카치 선생님은 사르트르 선생님의 '자유론'을 어떻게 평가하십니까?

루카치 '자유'라는 말은 지금까지 많은 철학에서 다루어졌고 많은 논쟁을 불러일으킨 개념입니다. 자유라는 말을 둘러싼 논쟁에서 먼저 주목해야 할 것은 '자유'와 '자의'를 혼동해서는 안 된다는 것입니다. 다음으로 주목해야 할 것은 자유의 반대 개념이 무엇이며 이 양자가 어떤 관계에 있느냐를 밝히는 것입니다. 마지막으로 '자유'의 참된 의미를 파악하기 위해서 우리는 자유를 형이상학적 영역에 국한시키지 말고 정치적 영역에까지 확대해야 한다는 것입니다. 사르트르 선생, 이 세 가지 문제에 대해 먼저 해명해주기 바랍니다.

사르트르 루카치 선생님이 말씀하시는 것처럼 자유의 문제는 지금까지의 철학사에서 많은 논쟁을 불러일으켰습니다. 프랑스의 철학자 로제 가로디(Roger Garaudy, 1913~2012)는 이 문제를 『자유 *La liberté*』라는 책에서 자세하게 서술했고 나도 훗날 이 책을 재미있게 읽었습니다. 나는 나의 책에서 자유와 자의를 구분하지 않았습니다. 내가 말하는 자유란 선택의 자유이며 선택을 하는 데서 자유와 자의가 구분될 수 없으니까요. 선택과 연관된 책임에서는 그것이 구분될 수도 있겠습니다. 다음으로 나는 자유의 반대 개념이 필연이 아니고 강요라고 생각합니다. 왜냐하면 오늘날까지의 과학적인 연구 결과에 따르면 어디에도 필연이란 존재하지 않기 때문입니다. 마지막으로 나는 정치적 자유를 과소평가하지 않습니다. 행동과 동떨어져 인간의 머릿속에만 머무는 개념적인 자유를 비판했을 뿐입니다. 그러나 초기 저술인 이 책에서는 주로 개별적인 인간의 자유에 초점을 맞춘 것이 사실입니다.

카뮈 루카치 선생님의 비판은 나에게도 해당되는 것 같습니다. 나는 철학이 정치적 자유를 포함해서 포괄적인 자유의 문제를 다루어야 한다고 생각합니다만 여기서도 가장 중요한 것은 개인의 자유입니다. 그러나 사르트르 선생님의 "선택하지 않는 것도 선택이다"라는 말에는 동의할 수 없습니다. 선택하지 않는다는 것은 침묵을 통해서 상대방의 요구를 받아들이는 것입니다. 물론 그것도 선택이라면 선택이겠지요. 그러나 그러한 선택이 자유의 바탕이 되겠습니까? 내 생각으로는 자유란 어떤 의미에서든 저항의 의미를 포함해야 합니다.

사르트르 '침묵을 통한 저항'이라는 말도 있지 않습니까? 나는 침묵할 수 있는 자유가 얼마나 귀중한가를 적군에 포로로 잡혔을 때 뼈저리게 깨달았습니다.

강물 그럼 루카치 선생님이 이해하는 자유는 무엇입니까?

루카치 자연 속에는 인간의 의식으로부터 독립되어 있는 물질과 그 변화가 존재합니다. 물질은 일정한 법칙에 따라 변합니다. 과학자들은 그 법칙을 찾아내어 기계를 만들고 질병을 치료합니다. 이러한 법칙은 필연성을 기저로 하고 있습니다. 물론 그 필연성이 절대적인 것은 아닙니다. 우연도 작용할 수 있습니다. 그러나 절대적인 것은 아니라할지라도 그것이 필연이라는 것은 부정할 수 없는 사실입니다. 비행기가 이따금 추락하는 경우가 있지만, 그것이 비행기가 '필연적으로' 날아간다는 사실을 부정하는 게 아닌 것과 마찬가지입니다. 이러한상대적인 필연성을 확신하는 것이 유물론 철학입니다. 사물의 필연성을 의심하는 사람은 약도 먹을 수 없고 기차나 비행기를 탈 수도 없습니다. 결국 자유란 사물에 내재해 있는 필연성을 인식하고 그에 맞추어 행동하는 것입니다. 필연성에 맞추어 선택하는 것이 자유라면그것을 거슬러서 행동하는 것은 자의입니다. 그러므로 자유는 자의와구분되는데 사르트르 선생이 말하는 자유는 자의와의 구분이 애매합니다. 사르트르 선생은 필연성의 존재를 아예 부정하고 있으니까요.

강물 사르트르 선생님은 타인의 시선을 매우 중요하게 생각하셨습니다. 이때 타인의 시선이 자의를 제한하는 필연성의 역할을 하지 않을까요?

사르트르 맞습니다. '타인의 시선'이라는 문제가 내 책에서 중요한 역할을 합니다. 대자존재인 나는 타인의 시선 속에서 사물처럼 즉자존재가 됩니다. 다르게 될 수 있는 가능성이 박탈되는 것이지요. 타인의 시선을 통해서 나는 나를 객관적으로 바라볼 수 있게 됩니다. 타인도 마찬가지입니다. 나의 시선을 통해 객관적인 존재가 됩니다. 이렇게 인간은 서로의 시선을 통해서 자신을 정확하게 파악할 수 있으며 그것이 바로 인간에게 공동생활이 중요한 이유입니다. 나는 타인의 시선에서 벗어남으로써 다시 나의 자유를 되찾고 자의식을 획득할 수 있는데, 그것도 자유로운 선택에 의해서 가능한 것이며, 그것 때문에 책임이 뒤따르게 됩니다.

루카치 하이데거가 말하는 공존이나 야스퍼스가 말하는 교제와 비슷하군요. 그것은 철저한 고립 상태에 빠진 실존적인 인간이 고립 상태를 벗어나보려는 발버둥과 같은 것입니다. 선택 이전에 왜 인간은 처음부터 사회적 존재로서 나타나지 않는지 도저히 이해가 안 됩니다. 나는 개인적 결단에서 오는 자의를 방지하는 것이 사회의식이고 역사의식이라 생각합니다.

사르트르 인간이 먼저 개인으로서 존재하고 그다음에 사회를 알아가는 것이 올바른 순서가 아니겠습니까? 나는 결코 개인적 존재로서의 인간에 머물지 않았습니다. 하이데거의 공존이나 야스퍼스의 교제를 넘어서려 하였습니다. 그 구체적인 예가 후기 저서 『변증법적 이성비판』에서 자세히 다루어지는 그룹의 문제입니다. 그러나 초기 저술에서 내가 너무 언어에 매달린 것은 사실입니다. 언어를 통하여 세상을 해명하려 하면서 개인의 결단에 초점을 맞추었습니다.

강물 저는 솔직히 말해서 사르트르 선생님의 책을 읽는 데 무척 힘이 들었습니다. 카뮈 선생님은 독일 친구에게 보낸 편지에서 철학의 난해성에 대하여 날카로운 지적을 해주셨는데, 카뮈 선생님의 생각은 어떻습니까?

카뮈 그렇습니다. 나는 철학을 철학사의 발전에 따라 체계적으로 다루는 것은 일종의 '독일적인 병'이라 말했습니다. 그러나 다른 한편으로 언어를 조작하여 개념의 유희를 해서도 안 됩니다. 하이데거는 개념의 유희를 하고 있으며 그 영향을 받은 사르트르 선생님도 이 병에 물든 것 같습니다. 난해한 철학 체계에 갇혀 있는 칸트와 헤겔, 언어를 마술사처럼 조작하는 하이데거와 사르트르의 저술을 이해할 수 있는 일반 사람이 얼마나 되겠습니까? 철학은 전문가들만이 찾아갈 수 있는 미로를 만들어서도 안 되며 마술사처럼 언어를 조작해서도 안 된다고 생각합니다. 물론 철학책이 소설처럼 달콤할 수는 없습니다. 논리적으로 분석하며 파헤쳐야 할 경우도 있습니다. 그렇다고 하여 일반 사람과 동떨어진 철학이 되어서는 안 됩니다.

사르트르 카뮈 선생의 철학 에세이들도 일반 독자들이 그 의미를 명확하게 파악하기는 그리 쉽지 않은 것 같은데요. 나는 전문가들을 위한 철학 저술 외에도 소설과 희곡을 통해 일반 사람들에게도 철학을 전달하려 하였습니다. 카뮈 선생도 마찬가지 아닌가요?

강물 제 개인적인 소감을 말씀드리면 카뮈 선생님의 철학 에세이들은 사르트르 선생님의 철학책보다는 훨씬 읽기 편합니다. 루카치 선생님의 책들은 두 선생님의 책들보다 더 논리적이고 명확한 편이고요.

루카치 감사합니다. 그런데 사르트르 선생은 왜 독일 철학 가운데서 먼저 후설에 관심을 갖게 되었습니까? 그 외에도 많은 독일 철학이 있을 것 같은데요.

사르트르 당시, 다시 말하면 1920, 1930년대에는 프랑스에서도 관념론적인 철학이 주도적이었고 맑스주의는 금기시되었습니다. 맑스주의 철학을 강의하는 교수도 없었고 거기에 관심을 갖는 학생들은 불이익을 받았습니다. 그러나 자본주의사회의 모순은 점점 커져갔고 학교에서 가르치는 관념론이 사회적 현실과 맞지 않는다는 사실이 드러났습니다. 많은 양심적인 학생들은 그 때문에 맑스주의에 눈을 돌렸는데 물론 겉으로 드러나지 않게 했습니다. 나도 그 가운데 한 사람이었습니다.

당시 후설의 철학은 매우 특이한 입장에 있었습니다. 후설은 자본주의사회를 옹호하기 위한 철학의 두 가지 방향인 실증주의와 비합리주의 철학을 모두 극복하고 제3의 길을 걸으려 하였습니다. 수학자로서 출발한 후설은 비합리주의적인 철학을 극복하면서 철학을 '엄밀한 과학'으로 정립하려 했습니다. 그러나 다른 한편으로 현상에 얽매여 그 기계적인 합리성만을 문제 삼는 실증주의를 비판하고 학문이 비과학적이 되어가는 원인을 찾으려 했습니다. 즉 후설은 학문의 과학성에 대한 본질을 추구한 것입니다. 나는 맑스주의에 대한 대안으로서 후설을 선택하게 된 것입니다. 루카치 선생도 독일에서 현상학을 배운 것 같은데 현상학을 어떻게 생각합니까?

막스 셸러

루카치 나는 하이델베르크에 머물 때 막스 셸러(Max Scheler, 1874~1928년)를 만났습니다. 그는 보편적 방법으로서의 현상학적 방법을 설명하면서 말했습니다.

"예를 들어 우리가 현상학적 방법으로 귀신에 대해 연구한다고 합시다. 우리는 우선 귀신이 실제로 존재하는가의 문제를 괄호로 묶어야 합니다. 우리는 의식에 대상으로 나타나는 귀신만을 다루어야 합니다."

"괄호를 풀어버리면 실제로 귀신이 존재합니까?"

나의 이 물음에 그는 웃기만 했습니다. 결국 현상학적 직관을 통해 발견한 본질이 실제로 존재하는가는 아무도 증명할 수 없습니다. 직관은 모든 대상과 그 연구 과정에서 사회관계를 배제하는 일종의 신비적인 방법입니다. 이때 직관하는 인간은 사회관계의 총체가 아니라 고립된 섬으로 변하고 직관되는 대상은 기계적인 구성물이 됩니다.

강물 사르트르 선생님은 인간의 실존을 위해 하이데거가 말하는 '결단'을 중시했지만 하이데거가 중요하게 다룬 '죽음'의 문제에는 별 관심이 없었습니다. 그 이유는 무엇입니까?

사르트르 인간이라는 존재에서 '죽음'보다 더 중요한 역할을 하는 것은 '무'라고 생각했기 때문입니다. 죽음은 단순한 사실일 뿐입니다. 나는 죽음을 생각하며 불안해하는 인간이 아니라 가능성을 선택하며 행동하는 인간에 눈을 돌렸습니다. 그러나 나는 하이데거가 말하는 '죽음의 선구적 결단'을 철학적으로가 아니라 생활에서 의미 있는 것으로 받아들였습니다. 다시 말하면 인간은 언젠가 한 번 죽는다는 사실을 미리 확인하는 것입니다. 죽음을 미리 확인하면서 인간은 이기주의를 벗어날 수 있기 때문입니다. 다시 말하면 더 올바른 선택을 할 수 있습니다.

강물 독일의 시인 라이너 마리아 릴케(Rainer Maria Rilke, 1875~1926)가 '본래적인 죽음'을 강조하는 것과 비슷하군요. 릴케는 소설 『말테의 수기*Aufzeichnungen des Malte Laurids Brigge*』에서 병원에서 의사의 관찰을 받으며 죽어가는 '일상적인 죽음'을 거부하고 '자기 자신의 본래적인 죽음'을 죽어가라고 권장하고 있습니다. 릴케는 만년의 시에서도 죽음의 문제, 즉 죽음이 삶에 미치는 문제를 많이 다루었지요.

라이너 마리아 릴케

사르트르 그렇기 때문에 릴케와 하이데거를 비교하여 연구한 저술들이 나타났습니다. 릴케는 시에서, 하이데거는 철학에서 이 문제를 비슷하게 다루었다는 것입니다.

루카치 사르트르 선생은 인간을 분석하면서 '무'라는 범주를 도입하여 새로운 시도를 하였습니다만 그것은 자본주의사회에서 비인간적으로 소외된 인간의 모습입니다. 사르트르 선생의 철학으로부터 올바른 인간 본질이 추출될 수 없는 이유가 거기에 있었지요. '무'란 사양길에 들어서고, 역사로부터 사형선고를 받은 자본주의사회의 막다른 골목을 암시하는 철학적인 표현 아닐까요? 선생도 자서전에서 고백했지요.

"죽음은 나의 현기증이었다. 왜냐하면 나는 사는 것을 좋아하지 않았기 때문이다. 그것은 죽음이 내게 불어넣은 공포가 어떠한 것인가를 설명해주고 있다. 죽음을 명예와 동일시하면서 나는 그것을 내 목적으로 만들었다. 나는 죽고 싶어 했다."

사르트르 나는 이 말을 1964년에 나온 『말*Les mots*』에서 썼는데 이 자서전은 어렸을 때의 체험을 기술한 것입니다. 버림받은 것 같은 고독한 나의 실존적 체험이 표현된 말인데 나는 점차 그러한 분위기를 벗어나고 있었습니다.

카뮈 하이데거는 실존의 문제를 다루면서도 인간의 실존과 연관하여 가장 중요한 문제인 성^{sex}의 문제를 다루지 않았습니다. 그가 개념의 유희 속에 머물고 있다는 증거입니다. 이에 대하여 사르트르 선생님은 어떻게 생각하십니까?

사르트르 인간은 항상 타자와의 관계 속에서 살아가고 성은 이러한 관계에서 중요한 역할을 한다고 생각합니다. 그렇기 때문에 나는 『존재와 무』에서 성의 문제를 정신분석과 함께 다루었습니다. 물론 자세히는 아니고 간단하게입니다. 하이데거가 이 문제를 비켜간 것은 가톨릭 전통에 따라 철학을 고상한 개념 분석의 영역에 한정시키려 했기 때문이 아닌가 생각합니다.

루카치 성이 중요하다는 사르트르 선생의 말은 인간이 모든 것을 자유롭게 선택할 수 있다는 말과 모순이 되는 것 같습니다. 인간이 선택을 하는 경우에도 그에 대한 동기가 있을 것 같은데 성도 중요한 동기가 됩니다. 성은 일종의 자연적인 본질에 속합니다. 자연적인 본질과 함께 사회관계도 인간의 행위에 많은 영향을 미칩니다. 그러한 동기들을 인정한다면 인간은 철저한 '무'의 상태에서 자유롭게 선택을 한다고 말할 수 없습니다. 본질과 연관되는 조건이 이미 존재하는 것입니다. 인간은 마음대로 남과 여를 선택하지 못합니다. 이미 결정되어 있습니다. 어떻게 생각합니까?

사르트르 어느 정도 수긍이 가는 말입니다. 나는 그러한 딜레마를 '타인의 시선' 혹은 '상황'의 문제를 통해서 벗어나려 했는데, 충분한 해결책이 되지 못한 것 같습니다. 그러나 인간의 행위에 영향을 미치는 자연적인 동기나 사회적 동기도 단순하지 않고 복합적입니다. 기계적인 결정을 강요하지 않습니다. 거기에도 선택의 가능성은 존재합니다. 남자와 여자를 어떻게 바라보고 어떤 행동을 취해야 하는가는 자신의 결정에 달려 있습니다. 감옥에 갇혀 있을 때에도 인간은 탈옥이라는 가능성을 생각하며 선택을 해나갑니다. 포로가 되었을 때도 마찬가지입니다. 그런 의미에서 나는 "우리가 적의 강점 시기일 때보다도 더 자유로운 때는 없었다"고 말한 것입니다.

루카치 인간이 어디서나 항상 절대적으로 자유롭다는 주장은 자칫하면 현실적으로 존재하는 정치·경제적인 속박을 과소평가하거나 용인할 수 있는 위험성을 내포합니다.

강물 사르트르 선생님의 주장처럼 인간이 과거와 상관없이 그때그때의 결정에 따라 살아가는 존재라면 인격이라는 개념도 존재하지 않을 것 같은데요. 왜냐하면 인격이란 과거와 현재와 미래를 잇는 어떤 항구적인 속성을 의미하니까요. 예컨대 사르트르 선생님의 주장대로라면 노동자도 순간적으로 무산계급이 아닌 자산계급의 편에 설 수도 있겠습니다. 계급의식이란 것도 아무 쓸모가 없게 됩니다.

사르트르 어느 정도 타당한 질문입니다. 그래서 나는 후기 저술에서 추상적인 주관주의*, 부르주아적인 개인주의를 맑스주의를 통해서 보충하고 극복하려 하였습니다.

---

*   인식, 실천, 판단의 근거를 주관에 두는 주의. 인간의 판단은 개인의 주관에 좌우되기 때문에 타당하며 객관적인 판단은 없다고 한다.

강물 루카치 선생님, 맑스주의의 인격 개념은 어떤 특징을 갖고 있습니까?

루카치 사르트르 선생의 철학에서는 개인이 사회적 영향을 받지 않을 뿐만 아니라 개인의 과거는 물론 타인의 영향과도 단절되어 있습니다. 마치 사회적인 섬을 연상시킵니다. 맑스주의에서는 개인의 의식에 미치는 사회관계를 중요시할 뿐만 아니라 사회관계를 만들어가는 개인의 능동적인 역할도 간과하지 않습니다. 맑스주의 인격 개념에서 가장 중요한 역할을 하는 것이 동지애인데 동지애는 개인과 사회, 이기주의와 집단주의, 인격의 가변성과 항구성이 변증법적으로 통합되어 있는 개념입니다. 예컨대 노동자들의 동지애를 살펴봅시다. 동지애를 실현하는 인간도 그때그때의 결단에 따라 행동하지만 그 결단의 근거에는 과거의 경험, 동지에 대한 사랑, 동지로부터 오는 기대감, 동지들이 추구하는 목표와 가치 등이 자리 잡고 있습니다. 그러므로 노동자들이 순간적으로 자본가의 이익을 위해서 결정하는 일은 없을 것입니다.

강물 인격의 개념은 윤리와도 연관됩니다. 윤리의 바탕은 인격이니까요. 일반적으로 실존주의의 윤리가 상황윤리라 불리는데 상황윤리는 무엇입니까?

사르트르 선악에 대한 선험적인 규범이나 보편적인 규범은 존재하지 않으므로 모든 사람은 상황에 따라 자유롭게 선택을 하고 행동을 하며 그에 대한 책임을 진다는 것입니다. 모든 선택은 동일한 차원에 있으며 옳은 선택이냐, 그른 선택이냐, 적합한 선택이냐, 부적합한 선택이냐의 차이가 있을 수 없습니다.

강물 루카치 선생님은 상황윤리에 대하여 어떻게 생각합니까?

루카치 절대적인 도덕규범을 전제로 하는 종교적 도덕이나 칸트가 말하는 선험적 도덕론에 대한 비판이라는 의미에서 긍정적인 측면을 갖기도 합니다. 그러나 도덕은 인간들 사이에서만 가능한 사회적 규범이며 고립된 개인의 결단과 책임에 머무는 것이 아닙니다. 인간을 연결하는 사회적 규범이 없다면 사회는 무정부 상태에 빠지게 됩니다. 책임이란 것도 함께 살고 있는 인간과 사회에 대한 책임이 가장 중요합니다. 사르트르 선생은 강연이나 문학론에서 사회의 모순을 척결하는 행동에 참여하라고 강조합니다. 그러나 불합리한 사회와 합리적인 사회를 구분하는 객관적인 척도나 기준이 없다면 인간은 책임 있는 참여를 할 수 없습니다. 오히려 자유로운 결단과 책임이라는 이상 속에서 구체적인 사회악을 눈감아주는 결과를 초래할 수도 있습니다.

•••• 타락한 반항은 폭력을 수반한다, 『반항인』

강물 이제 다시 카뮈 선생님의 책으로 넘어가겠습니다. 카뮈 선생님, 선생님의 두 번째 저술 『반항인』을 소개해주시기 바랍니다.

카뮈 이 책은 1951년에 나왔습니다. 나는 나치 시절의 체험을 책으로 저술하고 싶었습니다. 나는 앞서 『시시포스 신화』에서 삶의 부조리 자체를 사랑하는 반항을 통해서 자살을 거부하고 자신의 삶을 사랑해야 한다고 주장했습니다. 왜냐하면 자살 자체가 부조리에 대한 굴복이기 때문입니다. 그러나 이 시절의 체험을 통해서 나는 자기 자신의 삶만이 아니라 모든 사람의 삶이 귀중하며, 그렇기 때문에 어떠한 살인도 용인하지 않아야 한다는 사실을 깨닫게 되었습니다. 그것을 위해 필요한 것도 반항입니다. 그러나 반항이 타락하면 집단살해를 동반하는 혁명이 됩니다. 물론 혁명은 정의를 실현한다는 이념을 내세웁니다만 목적이 수단을 합리화해서는 안 됩니다. 나는 그것을 여러분이 감상하신 연극 「정의의 사람들」에서도 제시했습니다.

『반항인』은 결코 체계적인 철학 저술이 아니고 그저 인간 사회가 지향해야 할 가치가 무엇인가에 대한 개인적인 생각을 정리한 책입니다. 나는 이 책에서 '형이상학적 반항'과 '역사적 반항'을 구분해서 기술했는데 앞의 항목에서 중요한 역할을 한 철학자가 쇠렌 키르케고르(Søren Aabye Kierkegaard, 1813~1855),

쇠렌 키르케고르

블라디미르 레닌

니체, 야스퍼스 등이고 뒤의 항목에서 언급된 철학자가 헤겔, 맑스, 블라디미르 레닌(Vladimir Lenin, 1870~1924) 등입니다. 앞의 철학자들은 신이나 초인과 같은 절대적 존재를 추구하면서 삶의 부조리에서 벗어나려 하였고, 뒤의 철학자들은 역사적 진보를 신뢰하면서 부조리를 극복하려 하였습니다. 그러나 내 생각으로는 둘 다 잘못된 반항의 표현입니다. 반항으로부터의 도피도 잘못이지만 반항을 혁명화하는 것도 잘못입니다. 집단적인 테러가 수반되기 때문입니다. 따라서 절제된 혁명이 필요하며 나는 그것을 예술에서 찾았습니다. 이 책의 뒷부분에 나오는 「반항과 예술」에는 내가 추구하는 해답의 의미가 담겨 있습니다.

사르트르 선생은 이 저술이 개인의 체험과 생각을 요약했다고 말했는데 등장한 철학자들이나 인용된 자료를 보면 꼭 그렇지는 않은 것 같습니다. 물론 여러 가지 모순되는 언급들이 나타나 아마추어 철학자의 설익음을 보여주기도 하지만 철학적인 기본 지식이 없이는 이 책을 잘 이해할 수 없습니다. 그리고 많은 철학자들, 특히 진보적인 철학자들에 대한 편견이 깔려 있는 것 같아요. 형식상으로도 마음에 들지 않습니다. 철학도 아니고 수필도 아니기 때문입니다.

루카치 나도 이 책에 대해서 많은 실망을 했습니다. 이 책이 카뮈 선생의 가장 잘못된 저술이라고 생각했습니다. 이 책을 내지 않았더라면

카뮈 선생은 적어도 중간은 되었을 것 같은데 이 책
을 통해서 이전의 모든 공적을 망가트리고 말았습니
다. 한마디로 말해서 이 책은 철학책이 아니고 정치
적 의도가 담긴 에세이입니다. 카뮈 선생은 여기서
철저한 반공주의자로 등장합니다. 맑스주의의 핵심
을 이해하지 못하면서 맑스, 레닌, 이오시프 스탈린

이오시프 스탈린

(Joseph Stalin, 1878~1953)을 저널리즘 방식으로 비판하고 있습니다.

　나는 이 책을 읽고 카뮈 선생이 미국의 이념을 대변하는 철학자가
아닐까 걱정했습니다. 공산주의자가 되지는 않을지라도 양심을 가진
지식인이라면 제국주의의 침략에 의해 고통받는 약소국가의 민중을
이해해야 합니다. 인간에 의한 인간 착취를 종식하고 인간이 인간답
게 살 수 있는 세상을 만들려는 맑스주의 철학의 핵심을 모독해서는
안 됩니다.

　특히 이 책에서 카뮈 선생은 공산주의가 나치즘보다 더 폭력적인
제도라고 비판하는 오류를 범했습니다. 그것은 역사의 기본 상식을
벗어나는 왜곡입니다. 카뮈 선생은 나치가 세계 제국을 지향하지 않
았던 반면, 러시아 공산주의는 처음부터 세계 제국을 지향했다고 말
하면서 공산주의를 비판했습니다. 과연 카뮈 선생이 제국주의의 본
질이 무엇인지 알고는 있는지 의문스럽습니다. 카뮈 선생은 구체적인
역사로부터 도피하여 관념의 세계에 머물고 있습니다.

카뮈 루카치 선생님은 나와 나의 철학을 오해하고 있는 것 같습니다.

이 책의 목적은 결코 맑스주의에 대한 비판이 아닙니다. 맑스주의에 대한 비판은 「역사적 반항」의 후반부에만 등장합니다. 삶을 긍정하고 인간의 행복을 추구하려 노력한다는 점에서 나는 맑스와는 물론 사르트르 선생님이나 루카치 선생님과도 큰 차이가 없을 것 같습니다.

다만 그 방법에 있어서 의견의 차이가 나올 수는 있습니다. 나는 '혁명화되는 반항'보다는 '반항적인 혁명'을 선호했습니다. 반항과 혁명 사이의 중용을 모색했습니다. 그것이 긍정적인 반항, 본래적인 반항, 올바른 반항입니다. 나는 테러가 수반되는 혁명을 거부했고 그 실례를 러시아혁명에서 발견했을 뿐입니다. 나는 역사로부터 도피하려는 것이 아니라 잘못된 역사로부터 올바른 역사로 나아가려 한 것입니다. 역사상 모든 혁명은 독재 권력을 만들어냈습니다. 1789년의 프랑스혁명*은 나폴레옹 1세의 독재를, 1917년 러시아혁명**은 스탈린의 독재를 만들어내지 않았습니까?

루카치 혁명의 초기 단계에서는 국가권력이나 프롤레타리아*** 독재가 필요하다는 것은 맑스와 엥겔스도 강조한 내용입니다. 혁명을 파괴하려는 적대 세력으로부터 혁명을 보호해야 하기 때문입니다. 사회주의

---

* 1789년부터 1799년까지 프랑스에서 일어난 시민혁명. 부르봉 왕조를 무너뜨리고 프랑스의 사회·정치·사법·종교적 구조를 크게 바꾸어 놓았다.

** 1917년에 러시아에서 일어난 3월 혁명과 10월 혁명을 아울러 이르는 말. 로마노프 왕조가 무너지고 케렌스키의 임시정부가 성립하였으며 잇따라 볼셰비키에 의한 소비에트 정부가 성립하여 세계 최초로 사회주의혁명이 일어났다.

*** 자본주의사회에서, 노동력 이외에는 생산 수단을 가지지 못한 노동자.

1789년의 프랑스혁명

1917년 러시아혁명

국가 안에도 모순이 존재하지만 그것은 적대적인 모순이 아니라 점차 개선될 수 있는 비적대적인 모순입니다. 왜냐하면 적대적인 모순은 자산계급과 무산계급 사이에서만 존재하기 때문입니다. 사유재산을 근거로 하는 전체주의국가와 사유재산의 폐기를 전제로 하는 전체주의국가는 질적으로 다른 것입니다.

카뮈 그러나 맑스의 가장 큰 오류는 그가 초기의 비판 정신을 넘어 예언자로 등장한 것입니다. 착취와 소외가 사라진 이상적인 공산주의 사회를 예언한 것입니다. 그는 부르주아사회가 넘겨준 유산을 근거로 예언을 시도했습니다만, 그 예언은 빗나갔습니다. 공산주의 사회에서도 여전히 인간소외는 존재합니다.

루카치 종교적인 예언과 맑스의 예언은 천양지차입니다. 종교는 믿음에 의한 것이지만 맑스는 과학을 근거로 했습니다. 『반항인』에 들어 있는 「니체와 허무주의」라는 글에서 선생은 '사회주의는 기독교의 타락한 형태'라는 니체의 말을 인용하면서 기독교와 사회주의가 동일하게 예언에 의존한다는 결론을 내렸는데, 그것은 니체와 맑스주의에 대한 오해에서 비롯된 것입니다.

　니체의 주안점은 기독교나 사회주의가 동일하게 인간의 평등을 목표로 했는데 평등한 인간이 주도하는 사회는 퇴화하지 않을 수 없다는 이념을 깔고 있습니다. 그러나 기독교가 염원하는 평등과 사회주의가 염원하는 평등은 전혀 다르다는 것을 아무도 부정할 수 없을 것입니다. 그런데도 선생은 초점을 뒤바꾸어 예언 때문에 기독교와 사회주의가 비슷하다고 주장했는데 그것은 아전인수 격인 해석입니다.

그리고 선생은 소외문제를 부르주아적인 입장에서만 이해하고 있습니다. 인간을 소외시키는 가장 큰 원인은 제도화된 물질주의, 즉 황금만능주의입니다. 그러므로 사유재산을 무한정으로 인정하는 자본주의사회와 비교한다면 사회주의사회의 소외는 지엽적인 현상에 불과합니다.

사르트르 나는 스탈린이 주도하는 소련은 전체주의국가로 나아갔고, 그렇기 때문에 비판의 대상이 될 수 있다는 카뮈 선생의 의견에 동의합니다.

루카치 그런 점에서 사르트르 선생에게도 한계가 있습니다. 카뮈 선생은 혁명을 타락한 반항이라 규정지으며 거부합니다. 테러와 폭력은 반인간적인 행동이고 혁명에는 그것이 항상 수반된다는 사실을 강조하고 있습니다. 그럼 선생과 사르트르 선생이 가담했던 반나치 레지스탕스 운동은 저항에 가깝습니까, 혁명에 가깝습니까?

카뮈 물론 일종의 저항이었지요.

루카치 좋습니다. 그럼 프랑스인들을 체포하거나 살해하는 독일인들에게 폭력과 테러를 사용하지 않고 어떻게 저항해야 합니까?

카뮈 루카치 선생님은 너무 극단적으로 생각합니다. 내가 제시한 것은 일반적인 행동 규범입니다. 물론 선생님이 든 예에서는 프랑스인도 상대방에게 폭력을 행사해야 합니다. 그러나 혁명은 어떤 계급을 전체적으로 파멸시키는 집단 테러가 아닙니까?

루카치 혁명을 테러와 일치시키는 선생님의 생각에는 큰 문제가 있습니다. 테러는 개인을 파멸시키지만 혁명은 계급을 소멸시키는 것입니다. 그것도 모든 계급의 참된 해방을 위해서 말입니다. 그런데 선생은 이 책에서 "혁명, 특히 유물론적 혁명은 과격한 형이상학적 십자군에 불과하다"고 말했는데 과연 선생이 혁명, 유물론, 형이상학, 십자군의 본질을 옳게 이해하고 있는지 의심스럽습니다. 유물론적 혁명이 형이상학을 거부하고 변증법을 수용한다는 사실은 맑스주의 철학의 기초 상식에 속합니다.

강물 열띤 토론이 예상됩니다. 분위기를 가라앉히는 의미에서 이 시점에서 제가 질문을 하겠습니다. 이 책에서 카뮈 선생님은 맑스주의를 겨냥하여 "가난한 자들의 무자비한 신이 새롭게 지배하기 시작하고, 모든 미가 한가한 쾌락의 근원이라 비방되었고, 자연 자체가 노예화되었다"고 말씀하셨습니다. 그리고 그리스 이후로 인간과 자연의 조화가 무너졌는데 그 책임이 기독교와 맑스주의에 있다고 주장했습니다. 맑스주의는 기독교와 달리 자연 자체의 근원적인 중요성을 인정하지 않았을까요?

카뮈 기독교가 자연을 신의 영광을 위해 바쳐질 제물로 생각한 것처럼 맑스주의도 자연을 인간의 행복을 위한 지배 대상으로 삼았기 때문에 큰 차이가 없다는 의미였습니다.

루카치 기독교의 자연관과 맑스주의의 자연관을 동일시하는 입장에서는 맑스주의의 참다운 이해가 불가능합니다. 자연을 무자비하게 파괴하는 것은 무조건 많은 이익을 챙기기 위한 자본가들이지 민중의 행복을 염원하는 사회주의국가가 아닙니다.

강물 카뮈 선생님은 「형이상학적 반항」에서 서로 상반되는 것처럼 보이는 니체와 야스퍼스의 철학을 모두 '형이상학적 자살'의 전형으로 묘사했는데 니체가 무신론적 철학자인 반면 야스퍼스는 유신론적 실존철학자이기 때문에 서로 다른 차원에 있는 것이 아닙니까?

카뮈 외형상은 그렇습니다. 그러나 야스퍼스가 추구하는 초월자나 니체가 추구하는 초인은 결국 비슷한 의미를 지닙니다. 야스퍼스도 그의 니체 해석에서 초인을 초월자의 한 형식으로 파악했습니다. 문제는 자신의 외부에서 어떤 절대적인 존재를 추구하고 그에 의존하는 것은 부조리한 삶으로부터의 도피에 불과하다는 것입니다. 참된 반항은 부조리 그 자체를 사랑하며 신, 초월자, 초인 같은 것을 추구하지 않습니다.

강물 선생님은 이 책의 서두를 '부조리와 자살'이라는 명제로 시작했습니다. 자살에 대한 선생님의 근본 입장은 어떠합니까?

카뮈 나는 자살을 철학적 문제로 신중하게 다루었습니다. 자살도 일종의 반항입니다. 인간만이 할 수 있는 중요한 반항 수단입니다. 자살에도 여러 종류가 있습니다. 자살은 삶의 고통을 이기지 못하는 데서 오는 절망의 표현일 수도 있고, 적에게 굴복하기 않기 위한 영웅적인 행위일 수도 있습니다. 내가 말하는 자살은 삶의 부조리에 직면해서 삶을 포기하는 모든 행위를 말합니다. 자살을 거부하고 그와 함께 타살도 거부하며 정의로운 사회를 실현해야 한다는 것이 나의 이념입니다.

루카치 카뮈 선생은 반항과 혁명을 구분하면서 "반항은 인간만을 죽이나 혁명은 인간과 원리를 동시에 파괴한다"고 말했습니다. 그런데 원리가 변하지 않고 사람만 바뀌는 개혁이 사회의 근본적인 모순을 척결할 수 있겠습니까? 기득권을 소유한 자가 혁명 없이 타협에 의하여 그것을 포기하려 하겠습니까?

카뮈 원리의 변화는 엄청난 폭력을 수반합니다. 그것은 일종의 테러입니다. 그리고 그렇게 발생한 새로운 원리는 또 다시 파괴되어야 합니다. 나는 그러한 파괴의 악순환을 경계한 것입니다.

루카치 인간이 인간을 착취하는 원리가 혁명에 의해서 파괴되고 인간의 존엄성과 창의성이 실현되는 사회가 온다면 혁명이 아니라 개혁으로 충분합니다. 다시 말하면 적대적인 모순은 혁명에 의해서 척결되어야 하지만 비적대적인 모순은 개혁에 의해서 개선될 수 있다는 것입니다. 카뮈 선생은 적대적인 모순과 비적대적인 모순의 차이를 염두에 두지 않는 것 같습니다.

카뮈 나는 그것을 구분하는 것도 일종의 형이상학이라고 생각합니다.

강물 사르트르 선생님께서도 이 책에 실망하셨고, 그것 때문에 두 분 사이에 논쟁이 벌어졌던 것으로 알고 있는데요.

사르트르 다시 그 문제를 거론하는 것이 가슴 아픕니다만 청중들을 위해 말하겠습니다. 물론 『반항인』이 나오자 나도 좀 실망했습니다. 그러나 우리의 우정을 생각해서 직접 비판할 수는 없었습니다. 전후에 나는 〈현대*Les Temps modernes*〉라는 진보적인 잡지를 운영하고 있었는데, 그래서 여기서 함께 일하던 평론가 장송에게 이 책에 대한 서평을 부탁했습니다. 평론은 물론 좀 신랄했습니다. 카뮈 선생도 이 평론을 반박하는 글을 썼는데 분명히 거명하지는 않았지만 내가 배후에서 장송을 조종한 것으로 되어 있었습니다. 이 사건을 계기로 우리는 결별의 수순을 밟았는데 근본적인 이유는 우리 사이의 조화될 수 없는 이념적인 차이였습니다. 나는 당시 공산당원이 아니었습니다. 그러나 진정한 철학자라면 맑스주의 철학을 이해해야 한다는 입장에서 맑스주의를 공부했습니다. 맑스주의 철학이 지니고 있는 장점도 발견했습니다. 맑스주의의 장점과 실존주의의 장점을 접합하면 보다 완전한 철학이 될 수 있다고 생각하며 저술을 시작하였고, 그 결과로 나온 책이 『변증법적 이성비판』입니다.

···· 우리의 과거·현재·미래는 결단의 산물이다, 『변증법적 이성비판』

강물 마지막으로 사르트르 선생님의 후기 주저인 『변증법적 이성비판』에 대하여 토론하겠습니다. 먼저 사르트르 선생님께 이 책에 대한 소개를 부탁드립니다.

사르트르 이 책은 1960년에 나왔는데 나의 초기 저술과는 무려 십칠 년의 차이가 납니다. 그 사이에 세계는 변했고 나도 많은 체험을 했습니다. 나치가 무너지고 사회주의국가의 보루인 소련이 미국과 대등한 입장에서 세계 정치를 주도했으며 이른바 냉전 시대가 시작되었습니다. 알제리 독립운동이 일어났고 한국전쟁이 발발했으며 미국이 베트남을 침략하였습니다. 나는 철학자의 양심으로 직접 체험해보고자 소련을 비롯한 사회주의국가들을 방문했습니다. 중국에도 가보았습니다. 나는 사회주의국가에도 자본주의국가와 마찬가지로 장·단점이 있다는 것을 깨달았습니다. 그러면서 나는 사회주의국가들의 철학인 맑스주의를 더 많이 연구해야 할 필요성을 느꼈습니다. 왜냐하면 이론과 현실이 부합하는가를 알아야 하기 때문입니다.

그 결과로 나온 첫 번째 시도가 이 책이었고 그 이념은 개인의 가치를 중시하는 실존주의와 사회관계를 중시하는 맑스주의가 상호 보완하며 융합될 수 있다는 것이었습니다. 나는 물론 초기 저술에서처럼 인간의 본질을 포함한 모든 것이 개인의 자유로운 선택에 달려 있다는 전제에서 출발하였습니다. 그러나 개인은 고립 상태에 머무를 수 없고 공동생활을 해야 합니다. 그런 의미에서 나는 사회주의의 장점을 인정했습니다. 사회주의사회에서는 자본주의사회에서보다 인간의 고립과 소외가 줄어들었다는 사실을 확인했기 때문입니다.

나는 이 책의 첫 부분에서는 변증법의 문제를 다루었습니다. 더 정확히 말하면 엥겔스의 변증법을 비판했습니다. 엥겔스는 유명한 『자연변증법Dialektik der Natur』에서 인간의 사고에서는 물론 자연에서도 변증법적 발전이 이루어지고 있다는 사실을 증명하려 했습니다. 나는

중국에 방문한 사르트르와 보부아르

변증법적 발전은 인간의 사고 과정에서는 어느 정도 가능할 수 있지만 자연 속에서는 불가능하며, 변증법을 자연 발전에 적용하려는 것은 독단이라고 주장했습니다. 엥겔스가 주장하는 물질이라는 개념도 존재하지 않으며 그러므로 자연이나 역사 속에는 법칙이 존재하지 않는다는 것, 경제적인 토대에 의존하여 철학, 예술 등의 상부구조가 결정된다는 유물

사관도 맞지 않는다는 것을 규명했습니다. 왜냐하면 역사학 자체가 학문으로서 성립될 수 없기 때문입니다. 과거, 현재, 미래가 모두 나의 결단에서 나오는 산물입니다.

강물 실존주의와 맑스주의의 관계는 매우 중요하고 재미있는 주제이며 이에 대한 저술도 많이 나왔습니다. 이 문제와 연관하여 사르트르 선생님은 『유물론과 혁명*Matérialisme et Révolution*』 『맑스주의와 실존주의 *Marxisme et Existentialisme*』 『변증법적 이성비판』 등의 저술을 내었고 카뮈 선생님은 앞에서 토론된 『반항인』의 「역사적 반항」에서 맑스주의를 비판했으며 질문자로 참석하신 루카치 선생님도 『이성의 파괴』 『실존주의냐, 맑스주의냐*Existentialismus oder Marxismus?*』에서 이 문제를 자세히 다루었습니다. 그 외에도 이 문제를 다룬 저술들이 많이 나왔는데 아담 샤프 (Adam Schaff, 1913~2006)의 『마르크스냐 사르트르냐?*Marx oder Sartre?*』가 대표적인 것 같습니다.

아담 샤프

우선 제가 사르트르 선생님에게 묻겠습니다. 이 책 『변증법적 이성비판』의 종결부에서 선생님은 맑스주의 철학은 '더는 능가될 수 없는 철학'이라는 매우 특이한 표현을 사용했습니다. 소련을 비롯한 사회주의국가들이 무너진 오늘날에도 선생님의 신념에는 변함이 없습니까?

사르트르 그렇습니다. 지난 포럼에서도 말했지만, 인간에 의한 인간 착취를 가능하게 하는 사회구조와 그것을 남용하는 제국주의가 존속하는 한 맑스주의의 휴머니즘적인 이념은 유효하다고 생각합니다.

강물 그럼 이 책에 대한 루카치 선생님과 카뮈 선생님의 소감을 듣고 싶습니다.

루카치 이 책도 『존재와 무』처럼 방대하고 난해합니다만 저자가 맑스주의를 어느 정도 긍정하는 것 같아 흥미를 갖고 읽었습니다.

카뮈 나는 유감스럽게도 이 책을 읽지 못했습니다. 이 책이 나오던 당시 나는 연극 때문에 정신이 없었고 그해 겨울에 불의의 교통사고를 당했기 때문입니다. 그러나 나도 이 책의 주제에 관해서는 이전부터 관심을 가지고 있었습니다.

강물 루카치 선생님은 이 책의 긍정적인 측면이 구체적으로 무엇이라 생각하십니까?

루카치 다른 실존주의 철학자, 예컨대 야스퍼스처럼 맑스주의를 외부에서 비판하는 것이 아니라 맑스주의 안으로 들어가서 논쟁을 한다는 것입니다. 다시 말하면 자신이 만들어놓은 맑스주의와 논쟁하는 것이 아니라 맑스주의 안에 들어 있는 문제들과 논쟁을 한다는 점입니다. 대부분의 부르주아 철학자들은 자신이 만들어놓은 허수아비로서의 맑스주의와 논쟁을 하고 비판한 후, 그것을 무너뜨렸다고 자만합니다.

강물 그렇다고 하여 사르트르 선생님이 초기의 입장을 완전히 포기하지는 않으신 것 같습니다. 루카치 선생님이 세부적인 문제에 대해 질문해주시면 고맙겠습니다.

루카치 우선 엥겔스의 변증법에 관한 문제입니다. 사르트르 선생은 엥겔스의 변증법을 비판했습니다. 엥겔스는 『자연변증법』이라는 책에서 이 문제를 포괄적으로 규명했으나, 사르트르 선생은 인간의 사유나 사회 발전에서는 변증법이 가능할 수도 있지만 자연 속에서는 불가능하다고 주장했습니다. 그 주요한 이유로 선생은 물질은 양적 개념이며 질적 개념이 아니라는 것을 들었습니다. 다시 말하면 물질의 실체는 존재하지 않는다는 것입니다. 선생의 주장은 이미 과학적인 연구 결과로 반박된 영국의 주관적 관념론에로의 복귀를 의미하지는 않습니까?

사르트르 현대 과학의 연구 결과는 미시 세계나 거시 세계에 필연성이 존재하지 않는다는 사실을 확인해가고 있습니다. 필연성 대신에 개연성만이 존재할 뿐입니다. 그것은 바로 물질의 실체가 존재하지 않는다는 것을 증명한 셈입니다. 그러므로 나는 인간의 의식이 물질적인 존재의 반영 형식이며, 인간의 의식과 연관되는 사회의 상부구조, 예컨대 법, 정치, 철학, 종교, 예술 등은 하부구조인 생산관계에 의존한다는 결정론적인 유물론을 부정합니다. 그렇다고 하여 내가 종래의 관념론을 무조건 수용하는 것도 아닙니다. 나는 유물론과 관념론을 극복할 수 있는 새로운 철학을 시도하였는데 그것이 자유의 철학에서 제시된 실재론입니다.

루카치 물질의 실체 여부는 증명되지 않았다 해도 증명을 향해 나아가는 것이 현대 과학의 경향입니다. 물질의 실체가 부정된다면 그 법칙도 부정되어야 하며 그 경우 모든 과학의 성과는 우연에 매달리게 됩니다. 그리고 사르트르 선생은 맑스주의 철학, 특히 역사적 유물론을 오해하고 있습니다. 맑스와 엥겔스는 물론 어떤 맑스주의자들도 물질이 의식을 기계적으로 결정한다든가 하부구조가 상부구조를 기계적으로 결정한다고 주장하지 않았습니다. 맑스주의는 사르트르 선생도 강조하는 변증법적 발전을 항상 염두에 두고 있습니다. 주관과 객관, 우연과 필연, 자유와 비자유 사이의 변증법을 강조한 것이 바로 맑스주의 철학입니다.

사르트르 맑스주의의 주장대로라면 계급의식은 경제적 불평등을 반영해서 나온 산물입니다. 그렇다면 경제적인 발전으로 모두가 풍요로운 생활을 누리는 사회가 온다면 혁명이 없이도 계급의식이나 계급은 소멸해야 되지 않습니까?

루카치 자본가들이 노동자들을 착취하는 것은 더 풍요롭게 살기 위해서가 아닙니다. 자본가들도 어찌할 수 없는 자본의 필연적인 법칙 때문입니다. 사유재산이 존재하는 한 자본에 의한 인간 착취는 종식되지 않으며, 사유재산은 사회주의혁명에 의해서만 폐기될 수 있습니다.

사르트르 루카치 선생님도 나처럼 현실이 아니라 이상 속에서 살고 있다는 느낌입니다. 그럼 철학문제로 돌아가 루카치 선생님에게 되묻겠습니다. 변증법문제를 둘러싸고 맑스와 엥겔스의 의견이 갈라진 것은 사실이 아닙니까?

루카치 맑스주의를 비판하는 부르주아 철학자들이 즐겨 사용하는 무기가 초기 맑스와 후기 맑스의 철학적 차이, 맑스와 엥겔스의 철학적 차이를 부각시키는 것입니다. 이 문제를 이해하기 위해서는 맑스와 엥겔스의 저술에 대한 포괄적인 연구가 필수적입니다. 내가 생각하기에 그러한 차이는 결정적이지 않습니다. 말년에 작업을 분담하기 위하여 맑스가 경제문제에, 엥겔스가 철학문제에 집중했지만 맑스도 엥겔스의 연구 결과에 동의했습니다.

사르트르 그렇다면 엥겔스의 자연변증법이 틀리지 않았다는 사실을 루카치 선생님께서 명확하게 설명해보세요.

루카치 진화론이 바로 자연 안에 변증법적인 발전이 이루어지고 있다는 구체적인 증거입니다. 사르트르 선생께서는 엥겔스의 자연변증법*은 일종의 가설에 불과하며 독단적 관념론이라 비판했습니다. 그러나 그것은 오해입니다. 엥겔스는 관념론적 자연철학**과 경험주의적이고 실증주의적인 기계적 유물론을 동시에 비판했습니다. 다시 말하면 그의 변증법적 방법만이 자연 연구에서 독단을 벗어날 수 있다는 것입니다. 엥겔스는 자연 연구와 철학을 통일시키면서 단순한 실증주의를 극복하였습니다. 그리고 사르트르 선생은 맑스와 엥겔스 이후 모든 유물론자들이 엥겔스의 철학에 발이 묶인 것처럼 해석하는데, 현대 과학의 발전 결과에 맞추어 맑스주의의 자연관도 변하였습니다. 예컨대 레닌은 경험비판론***을 통해 엥겔스의 자연변증법을 더 발전시켰습니다.

강물 루카치 선생님은 현대 부르주아 철학이 모두 주관적 관념론의 늪에 빠졌다고 주장하고, 사르트르 선생님은 맑스와 맑스주의가 모두 개별자의 특성을 고려하지 않고 그것을 보편적인 것 안에 함몰시키는 독단주의에 빠졌다고 주장합니다. 이와 같은 주장을 보면서 저는 다소 혼란에 빠집니다. 카뮈 선생님, 두 분의 주장이 너무 일면적이라고 생각하지 않습니까?

---

* 맑스·엥겔스의 변증법으로 파악된 자연관. 기계론적 자연관에 대하여, 여러 가지의 물질이 상호 연관하면서 전체로써 변증법적 운동을 보여준다고 한다.

** 자연현상의 바탕이 되는 형이상학적 원리를 연구하며, 자연과학의 인식의 기초와 그 근본을 밝히려는 철학. 과학철학이 인류의 자연에 대한 접근.

*** 주관과 객관, 의식과 존재 따위의 구분을 인정하지 않고, 순수 경험에 의하여 인식이 가능하다는 이론.

카뮈 그렇습니다. 현대 부르주아 철학자들 사이에서도 서로 상반된 방향성이 나타나며 맑스주의자들 사이에서도 견해가 똑같은 것은 아닙니다. 초월자를 전제로 하는 야스퍼스와 그것을 철저하게 부정하는 사르트르의 철학이 같은 범주 아래 다루어질 수 없으며, 혁명에서 계급의식의 중요성을 강조한 루카치 선생님의 『역사와 계급의식』도 소련의 정통 맑스주의에게 비판을 받은 것으로 알고 있습니다.

루카치 사르트르 선생의 책에 대한 토론에 집중하는 것이 좋을 것 같습니다. 사르트르 선생은 맑스주의가 인간을 자연 속에 함몰시킨다는 점에서 철학적 인간학의 관점에서 부족한 점이 많다고 지적했습니다. 그러나 실상 맑스주의에서는 인간은 자연적 존재이면서 사회적 존재이고 역사적 존재라는 사실을 강조하고 있기 때문에 사르트르 선생의 비판은 맞지 않습니다. 사르트르 선생도 인간을 '실천적 유기체'로 규정하면서 맑스주의의 인간관을 인정했습니다. 사르트르 선생처럼 철학이 인간문제만을 강조할 때 또 다른 관념론에 빠진다고 생각하지 않습니까?

사르트르 그렇지 않습니다. 인간문제가 많이 다루어질수록 더 좋습니다. 맑스의 초기 저술에서도 인간문제가 많이 다루어졌습니다. 그러나 후기 저술로 넘어갈수록 인간이 자연이나 경제 관계의 일부인 것처럼 취급되었습니다. 인간의 특수성이 강조되지 않았습니다. 인간의 문제는 자연과 사회를 떠나서 올바르게 규명될 수 없지만 자연과 사회 속에 함몰되어서도 안 된다는 것이 나의 지론입니다.

루카치 전체적으로 맑스주의 철학을 검토해보면 인간의 본질이 자연, 사회, 역사와 연관하여 가장 통일적으로 규명되어 있다는 사실을 알게 될 것입니다. 그러나 그것을 올바르게 이해하기 위해서는 먼저 변증법에 대한 이해가 중요합니다. 사르트르 선생처럼 변증법을 왜곡하는 경우 맑스주의의 인간관이 기계적 유물론으로 후퇴하게 됩니다.

사르트르 올바른 변증법이 무엇인가를 지적하기 위해서 나는 이 책을 썼고 맑스주의의 변증법이 잘못되었다는 것을 밝혀놓았습니다.

카뮈 그러니까 맑스주의의 눈으로 보면 사르트르 선생님의 시도가 오류이고 사르트르 선생님의 시선으로 보면 맑스주의의 변증법이 잘못되었다는 결론이 나올 수밖에 없습니다. 그러므로 이 문제에 대한 토론은 끝이 없을 것 같습니다.

강물 저도 그렇게 생각합니다. 핵심적인 문제는 거의 드러났다고 생각하며 이 토론은 이 정도로 마치겠습니다. 마지막으로 제가 사르트르 선생님께 묻겠습니다. 카뮈 선생님은 테러를 '잘못된 저항'이라 생각하며 철저하게 반대하는 입장을 취했습니다. 그러나 사르트르 선생님은 테러를 그룹 활동과 연관하여 다소 긍정적으로 평가하는 것 같은데 그 이유를 듣고 싶습니다.

사르트르 나는 개인과 국가 사이를 중재해주는 그룹의 긍정적인 역할을 강조했습니다. 인간에 의하여 가공된 물질세계는 수동적이고 '완만inerte'한데 비하여, 개인의 결단이나 자유로운 개인의 결합으로 만들어지는 그룹은 능동적이고 역동적입니다. 그 예가 바스티유 감옥을 무너뜨린 혁명군입니다.

그룹만이 결핍 존재인 인간이 필연적으로 빠지게 되는 소외로부터 벗어나게 할 수 있습니다. 그리고 그룹의 세 가지 특성은 서약, 테러, 우애입니다. 그룹은 자유로운 서약을 통해 결성되고, 테러라는 수단을 통해 구성원의 배반이나 외부의 와해 공작을 방지합니다. 테러의 가능성은 구성원에 불안을 야기하는 일종의 압력 수단으로서 작용합니다. 테러는 배반자에 대한 징벌과 함께 구성원의 우애를 다지게 하는 '이성적인' 장치입니다.

카뮈 매우 이상적인 이론입니다. 그러나 그룹의 구성원들은 조직의 명령이 아니라 개인의 결단에 따라 행동한다는 데 문제가 있는 것 같습니다. 그리고 구성원의 단결을 위해 왜 꼭 테러를 통한 불안감 조성이 필요한지도 이해가 안 됩니다.

강물 이것으로 오전 일정을 마치고 점심을 드신 후 오후에 다시 토론을 계속하겠습니다.

철학자의 정치 참여

•••• **알제리 독립 투쟁에 대한 견해 차이**

강물 여러분, 점심 맛있게 드셨습니까? 오후 토론을 시작하겠습니다. 두 선생님은 문학과 철학이 사회 활동에 참여해야 한다는 입장을 견지하고 있습니다. 특히 막연한 참여가 아니라 구체적인 참여를 강조하는데, 그것이 곧 정치적 참여입니다. 먼저 알제리 독립 투쟁과 연관된 문제를 다루겠습니다. 우선 카뮈 선생님께서 이 투쟁의 발생 과정과 경과, 그리고 이에 대한 선생님의 입장을 말해주시기 바랍니다.

카뮈 제2차 세계대전이 끝나던 1945년 봄, 나는 내가 태어나고 자란 고향 알제리를 여행했습니다. 물론 어머니와 친구들을 만나기 위해서였습니다만 알제리에 관한 기행문도 쓰려 했습니다. 제2차 세계대전 시기에 프랑스는 나치에 대한 전쟁을 수행하는 데 필요한 군사력을 상당수 알제리에서 동원하였고, 그에 대한 보상 차원에서 다소간의 제도 개선을 실시하였습니다.

　이에 알제리인들은 나치를 무너뜨리는 전쟁에 참여한 대가로 전쟁이 종식되면 독립을 할 수 있으리라는 희망을 가졌지만, 프랑스는 결코 독립을 허용할 생각이 없었습니다. 프랑스가 알제리 독립운동의 지도자를 추방하자 드디어 무장봉기가 일어났고, 프랑스 당국은 군대를 동원하여 이를 진압했습니다. 이에 알제리인들은 테러로 맞섰고, 프랑스 정부는 테러에 학살로 대응했습니다. 이러한 충돌로 백삼 명의 프랑스인과 천오백 명(알제리의 추산에 의하면 사만여 명)의 알제리인들이 목숨을 잃었습니다.

나는 〈콩바〉지에 「알제리의 위기」라는 글을 써 양쪽이 화해를 하고 이전처럼 평화롭게 살도록 호소했습니다. 굶주리는 알제리인들을 위해서 식량을 보내야 하며 프랑스인들이 알제리의 문화적 전통을 인정하고 받아들여야 한다고 주장했습니다. 나는 지중해 문화가 자연의 순환 법칙을 받아들이며 그 안에서 중용을 찾았던 그리스 문화의 재현이라고 생각했습니다.

강물 사르트르 선생님은 다른 생각을 한 것 같습니다. 선생님은 지식인의 양심을 내세우며 프랑스의 알제리 통치를 준엄하게 비판했습니다. 선생님의 저술 『식민주의와 신식민주의*colonialisme et neo-colonialisme*』에 그것이 잘 나타나 있습니다. 예컨대 「식민주의는 하나의 제도이다」라는 글에서 선생님은 이전의 식민주의나 새로운 식민주의나 모든 식민주의는 원주민에 대한 착취를 근간으로 하기 때문에 반인간적인 파시즘과 연관된다고 말했습니다. 프랑스가 알제리를 식민 통치하면서 알제리인들을 착취했다는 구체적인 증거가 있습니까?

사르트르 물론이지요. 1850년에 알제리에서 점유한 프랑스인들의 토지는 십일만 오천 헥타르였는데, 1950년에는 이백칠십만 헥타르로 증가되었습니다. 그 외에도 프랑스 정부는 '국유지'라는 명목으로 일천일백만 헥타르를 소유하고 있었습니다. 당시 알제리인이 소유하고 있는 토지는 칠백만 헥타르에 불과했습니다. 그 어떤 구실을 붙인다 해도 이것이 강탈과 착취가 아니라고 말할 수 있겠습니까?

앞에서 카뮈 선생도 언급했지만, 프랑스 정부는 정작 알제리인들은 마시지 않는 포도주를 생산하기 위해서 많은 땅을 빼앗아 곡물 대신 포도를 재배하게 하였습니다. 많은 알제리인들이 문맹으로 남았는데 그것은 이들이 독립운동에 눈뜨지 못하게 하려는 식민주의자들의 정책 때문이었습니다. 프랑스 공화주의자들은 알제리가 공화국이 되는 것을 방해하면서 군대의 힘에 의존하는 파시스트가 되었습니다.

알제리인들로 하여금 가난 속에서 아이를 낳고 노예로 살다가 굶어 죽게 만든 프랑스인들에 대한 저항과 투쟁이 왜 정의가 될 수 없습니까? 오늘날 모든 식민주의*나 신식민주의**가 점차 붕괴해가고 있다는 사실은 인간에 의한 인간 착취가 사라지고 있다는 말과 같은 의미입니다.

---

* 식민지의 획득과 유지를 지향하는 대외 정책. 경제적·정치적인 세력을 국외의 영토로 확장하고, 정치적 종속 관계를 통해 그 지역을 자국의 영토로 삼는 제국주의적 침략 정책을 이른다.

** 형식적으로는 독립을 허용하면서 정치·경제·사회·군사적 측면에서 사실상의 지배를 유지하려는 새로운 형태의 식민주의. 특히 제2차 세계대전 이후, 개발도상국에 대한 서구 선진국의 원조 계획을 비판하여 쓰인 말이다.

강물 사르트르 선생님의 견해에 비하면 카뮈 선생님의 견해는 다소 온건하고 프랑스의 정책에 우호적이라는 느낌이 드는데요? 그 때문에 비판을 받지는 않았습니까?

카뮈 받았습니다. 알제리를 고대의 생명력이 살아 숨 쉬는 땅이자, 미와 비극이 응집된 공간, 시간을 초월하는 자연적인 삶의 터전으로 사랑하는 나의 견해가 알제리의 정치적·사회적 현실을 간과했다는 것입니다. 알제리인과 프랑스인이 알제리 땅에서 자유롭고 동등하게 살 수 있는 국가의 실현은 이상에 불과하며 식민지문제는 결국 투쟁과 폭력을 통해서만 해결될 수 있다는 반론입니다. 내가 생각했던 '프랑스-아랍 공동체'라는 것도 결국 프랑스의 입장을 대변하는 것이며 아랍 문화의 수용도 프랑스 문화 속으로의 흡수를 의미한다는 것입니다. 내가 말하는 '인간적인 것'도 결국 '프랑스적인 것'에 불과한 것으로 해석되었습니다. 나는 결국 낙담하고 침묵할 수밖에 없었습니다. 그러나 폭력적인 대결에서 희생되는 것은 '죄 없는 민중'이기 때문에 나는 테러가 수반되는 혁명 투쟁을 끝까지 반대했습니다.

사르트르 폭력에는 꼭 눈에 보이는 폭력만 있는 것은 아닙니다. 사람은 총칼을 들고 폭력을 가하기도 하지만, 가스를 통해서도 폭력을 행사할 수 있습니다. 육체적인 폭력도 있지만 정신적인 폭력도 있습니다. 우리는 그것을 나치의 폭력을 통해서 체험했습니다. 카뮈 선생은 프랑스 식민주의자들이 사용한 보이지 않는 폭력은 용인하면서 알제리 민족해방전선이 사용하는 테러를 비판했는데 그것은 정의가 아니지 않습니까?

카뮈 아닐지도 모릅니다. 그러나 나는 모두에게 평등한 정의를 염원한 것입니다. 자유가 있는 정의 말입니다. 나는 알제리인들과 프랑스인들 사이에 자연스러운 공존이 이루어지기를 바랐습니다. 그러나 나의 선의는 무시당했고 나는 '무신론적인 성인' '편협한 도덕주의자' '무기력한 중립주의자'라는 비판을 받았습니다. 알제리 독립운동가들로부터 살해 위협을 받기도 하였고 프랑스 좌파 지식인들로부터 따돌림을 당하기도 했습니다. 나는 알제리의 불행을 부채질하지 않기 위해 차라리 침묵을 지키기로 결심하였습니다.

루카치 내가 알기로 사르트르 선생은 처음엔 정치에 별로 관심이 없었습니다. 선생은 제2차 세계대전이 끝나는 1945년부터 정치에 관심을 보였고, '민주혁명연합'이라는 정당을 창설하려 했으나 실패하였습니다. 이 정당의 정치적 실체는 무엇이었습니까?

사르트르 1944년에 독일군이 퇴각한 후 나는 "우리에게 독일군의 점령 아래에서보다도 더 자유로운 때는 없었다"라는 말로써 반나치 저항 운동을 평가하였습니다. 나는 공직에서 사임하고 자유 작가로 활동하면서 프랑스에 새로운 정치 풍토를 만들어가려 했습니다. 기존의 정치조직이 개인의 자유를 제한하고 노동자를 소외시키는 장치라고 생각하면서 나는 이전의 정당들과 선을 그었습니다. 전쟁을 체험하면서 새로운 정치조직이 필요하다는 것을 절감한 나는 공산당을 배제한 지식인들과 노동자들의 자유로운 정당을 조직하려 하였고 그것이 '혁명민주파연합'이었습니다. 이 정당의 기관지로 데이빗 루셋(David Rousset, 1912~1997) 및 제라르 로장탈(Gérard Rosenthal, 1903~1992)과 함께 〈좌파 *La Gauche*〉라는 신문도 창간했습니다. 그러나 소련에 대한 입장에서 나와 루셋의 의견이 갈렸고, 결국 이 조직은 1949년에 해체되었습니다.

루카치 당시 공산당원들은 사르트르 선생을 '제국주의의 스파이'라 비난했습니다. 선생은 왜 공산당을 거부했습니까?

사르트르 그때 나는 공산당에서는 개인의 자유가 용납되지 않는다고 생각했습니다. 자유로운 개인의 결단으로 결합된 그룹이 아니었기 때문입니다. 내가 1947년에 미국을 여행하고 그 다음 해에 뉴욕에서 나의 희곡 「더러운 손*Les mains sales*」이 공연되자 공산주의자들은 나를 친미주의자로 오해하였습니다. 정당의 실패와 친미주의자라는 오해 등으로 나는 무척 실망했고, 낙담에 빠졌습니다.

　그러나 1950년에 한국전쟁이 발생하자 나는 다시 한 번 정치문제에 관심을 돌리게 되었습니다. 자본주의 진영의 모순을 발견하게 되었고, 결국 맑스주의를 인정하지 않을 수 없었습니다. 나는 맑스주의를 연구하고 맑스주의와의 논쟁을 내용으로 하는 책을 저술해갔습니다.

1952년에 신문에 발표한 글 「공산주의자들과 평화」가 이러한 변화의 출발점이 되었습니다.

•••• 베트남전쟁, 철학의 양심은 무엇을 해야 하는가

강물 다음으로 사르트르 선생님이 많은 관심을 보이셨던 베트남문제에 관해 토론하겠습니다. 카뮈 선생님은 베트남전쟁이 치열해지기 전에 교통사고를 당하셨으므로 거기 관여할 기회가 없었습니다. 먼저 사르트르 선생님께서 베트남전쟁의 성격을 요약해주시기 바랍니다.

사르트르 한마디로 말해서 이 전쟁은 유엔 인권헌장에도 어긋나고 베트남문제를 결정한 1954년의 제네바협정에도 어긋나며 제2차 세계대전이 끝날 무렵 뉘른베르크 법정에서 규정한 민족 말살 전쟁의 금지 조항에도 어긋나는 반인간적인 침략 전쟁이었습니다.

루카치 내가 사르트르 선생의 용기를 칭찬하게 된 것은 선생이 영국의 철학자 버트런드 러셀(Bertrand Russell, 1872~1970)과 함께 개최한 '베트남 법정'이었습니다. 이 법정이 시작된 배경과 경과에 대해서 듣고 싶습니다.

버트런드 러셀

사르트르 당시 이미 '러셀평화재단'을 만들어 세계 평화에 기여하고 있었던 러셀의 발기로 베트남 법정이 만들어지고 1966년 11월 13일에서 15일까지 런던에서 첫 번째 총회가 개최되었습니다. 이 법정의 목적은 베트남전쟁에 대한 객관적인 자료를 수집해서 전쟁의 부당성을 밝히는 것이었습니다. 물론 이 법정은 모든 국가의 영향력으로부터 벗어난 독립적인 모임으로서 어떤 권력도 행사할 수 없었지만 인류의 도덕과 양심에 호소하는 기능을 발휘했습니다.

첫 모임에 참가한 회원은 프랑스 철학자인 나 장폴 사르트르와 러셀을 포함하여 오스트리아 철학자 귄터 앤더스, 이스탄불대학 민족법 교수 메메트 알리 아이발, 로마대학 사회학 교수 렐로 바소, 프랑스 작가 시몬 드 보부아르, 전 멕시코 대통령 라사로 카르데나스, 미국 흑인 조직 '블랙 파워' 지도자 스토클리 카마이클, 유고슬라비아 법학자 블라디미르 데디예르, 미국의 평화주의자 데이브 데린저, 영국 역사가 아이작 도이처, 필리핀 작가 아마도 에르난데스, 파키스탄 대법관 마무드 알리 카수리, 일본 법학자 긴주 모리카와, 일본 물리학자 사카타 쇼이치, 프랑스 수학자 로랑 슈바르츠 등입니다.

강물 이 법정에 대한 미국과 프랑스의 입장은 어떠했습니까?

사르트르 이 법정의 심판을 받는 대상이 미국이었으므로 우리는 미국 정부를 대표하는 사람이 참석하여 토론할 수 있도록 초청하였습니다. 그러나 미국이나 프랑스 정부는 물론 이 나라의 신문들까지 우리의 법정을 비난하고 비웃었습니다. 프랑스 드골 정권은 이 법정이 파리에서 개최되는 것을 방해하기까지 했습니다. 국가만이 합법성을 지닌 법정을 개최할 수 있다는 것이 그 이유였습니다. 또 프랑스 어떤 신문은 이 법정이 '배심원만 있고 판사가 없는 기괴한 법정'이라고 비꼬았습니다. 나는 모든 민중, 특히 침략을 받고 있는 베트남 민중이 바로 판사라고 응수했습니다.

전쟁에 의한 국제적인 범죄를 심판하는 법정은 1945년에 독일의 뉘른베르크에서 최초로 개최되었습니다. 연합국 대표들이 모여 나치의 침략 전쟁을 심판한 것입니다. 침략 전쟁을 규탄하는 내용은 유엔의 헌장에도 명시되어 있습니다. 그러나 당시 심판을 주도했던 미국이 이제는 심판의 대상이 되었고 다른 나라들은 강대국인 미국의 눈치만 보고 있었습니다. 미국에 동조하는 나라들도 생겨났습니다. 유엔도 침묵을 지켰습니다. 결국 양심적인 지식인들이 일어나야 했습니다. 어떤 사람은 나에게 "왜 하필 당신이 나서느냐?"라고 물었습니다. 나는 "바로 당신이 나서지 않기 때문입니다"라고 대답했습니다.

강물 미국은 대표를 파견하여 자신들의 입장을 변론하지 않았나요?

사르트르 당시 초청을 받은 미국 국무 장관 딘 러스크(Dean Rusk, 1909~1994)는 우리에게 직접 회답을 하는 대신 신문기자들을 만나 구십사 세 된 영국 노인과 말장난이나 하면서 시간을 낭비하기는 싫다고 말했습니

다. 물론 이 노인은 러셀을 가리킨 것입니다. 나는 그
의 태도가 당당하지 못했다고 생각합니다. 그는 당당
하게 "나는 이 법정의 합법성을 인정하고 대변인을 파
견하겠다"라고 말하거나, "나는 이 법정의 합법성을
인정하지 않으니까 미국 정부를 대변하는 인물을 파
견하지 않겠다"라고 말해야 했을 것입니다. 아니면 못

딘 러스크

해도 "나는 이 법정의 합법성을 인정하지 않지만 거기에 반박할 수
있는 충분한 근거와 자료를 갖고 있으므로 그것을 여러분 앞에 제시
하는 데 주저하지 않겠다"라 말할 수도 있었습니다. 그러나 그는 구차
한 변명을 하면서 우리의 요구를 회피했습니다. 죄를 지은 자들은 당
당하게 나설 수 없다는 것이 만고의 진리라는 사실을 확인해준 것입
니다.

강물 선생님이 회장을 맡았던 이 법정은 1967년 5월 10일에 스웨덴 스
톡홀름에서 제1차 법정을 열고 판결 결과를 발표했습니다. 그 내용
은 무엇입니까?

사르트르 우리는 아래의 세 가지 문제를 놓고 토론을 진행했습니다.

첫째, 미국의 개입은 민족의 권리를 침해하는 침략 전쟁인가?
둘째, 민간인이나 민간 시설에 대한 폭격이 이루어졌는가?
셋째, 호주, 뉴질랜드, 대한민국이 미국의 침략 전쟁에 동참했는가?

그리고 베트남 법정은 만장일치로 이 세 가지 문제 모두 사실이라는 판결을 내렸습니다.

루카치 제2차 법정은 언제 어떻게 열렸습니까?

사르트르 1967년 11월 20일에서 12월 1일 사이에 덴마크의 로스킬데에서 열렸습니다. 이 법정에는 첫 모임에 참가한 회원 외에도 스코틀랜드 광부노조 위원장 로렌스 데일리, 쿠바 베트남후원회 대표 멜바 에르난데스, 미국의 작가 칼 오그레스비, 독일의 작가 페터 바이스가 새로 참여했습니다. 이 법정에서는 다음과 같은 세 가지 문제가 논의되었습니다.

> 첫째, 미군은 독가스나 화학약품 등 국제적으로 금지된 무기를 사용하지 않았는가?
> 둘째, 미군은 전쟁 포로들을 국제조약에 위배되지 않는 방식으로 대우했는가?
> 셋째, 베트남의 민간인들이 부당한 폭력으로 희생되지 않았는가?

이에 대한 법정의 결론은 1차 법정의 결정과 비슷한 것이었습니다. 다시 말하면 미국은 베트남전쟁에서 금지된 무기를 사용하였으며, 포로들에 대한 비인간적인 대우나 민간인들에 대한 학살이 자료를 통해서 확인되었다는 것입니다. 또한 군대를 파견함으로써 직접적으로 전쟁에 동참한 대한민국은 물론 군수물자를 제공함으로써 간접적으로 미국을 도와주고 있는 일본도 이러한 침략 전쟁에서 책임을 면할 수 없다는 사실을 지적하였습니다.

루카치 법정의 결정은 정당한 것이라 생각합니다만 판결을 내리게 된 구체적인 증거가 있었습니까?

사르트르 그 증거들이 러셀과 나의 이름으로 출간된 책에 제시되어 있으니 참조하기 바랍니다. 불어로 출간된 이 책의 원제목은 『러셀법정 *Russell-Tribunal*』이었고, 독일어판에서는 제1권 『베트남 법정 혹은 법정에 선 아메리카 *Das Vietnam-Tribunal oder Amerika vor der Gericht*』, 제2권 『베트남 법정 혹은 미국심판 *Das Vietnam-Tribunal II oder Die Verurteilung Amerikas*』이라는 제목으로 출간되었습니다.

루카치 사르트르 선생, 선생은 한국전쟁에 대해서도 동일하게 자료를 수집하고 심판할 수 있었을 것 같은데 왜 침묵을 지켰습니까?

사르트르 당시에는 아직 나나 러셀이나 그만 한 준비가 되어 있지 않았던 것 같습니다. 나의 희곡 「네크라소프」에서 잠깐 언급된 리지웨이 장군에 대한 이야기는 문제 제기로 끝나고 말았습니다. 이 문제는 남·북한의 지식인들이 토론하고 결정해야 합니다. 물론 판사는 남·북한의 민중입니다.

루카치 그렇다면 미국이 정당하지 못한 베트남전쟁을 감행한 의도는 무엇이었습니까?

사르트르 미국의 학자들이 증언한 것처럼 동남아에서 중국에 맞서 교두보를 형성하고 패권을 장악하기 위한 것이었습니다. 이 전쟁을 하면서 미국은 공산주의에 맞서 자유를 지키고 세계 평화를 유지하는 데 기여하려는 것이었다고 주장했습니다만 그것은 구실에 불과하고 진의는 세계 평화를 유린하는 침략 전쟁의 교두보를 만드는 것이었습니다.

루카치 이 전쟁에 동참한 나라들과 지원 규모는 어떠했습니까?

사르트르 자유를 지키기 위한 전쟁에 동참하라는 미국의 호소에도 불구하고 참여한 나라는 극소수였습니다. 자료에 의하면 1967년을 기준으로 베트남에 파병된 외국 용병은 한국군 오만여 명, 호주군 사천오백여 명, 타이군 삼천여 명, 필리핀군 천여 명, 뉴질랜드군 천여 명 정도였습니다. 이외에도 전투병을 파견한 것은 아니지만 군사물자 등으로 미국을 지원한 일본도 우리는 이 침략 전쟁의 공범자로 간주하며 그 책임을 물었습니다.

　여기서 덧붙이고 싶은 것은 한국군에 관한 문제입니다. 당시 미국은 미군 한 명에게 드는 비용으로 한국군 사십삼 명을 충당할 수 있었기 때문에 한국군을 선호했습니다. 위험한 전투에는 주로 한국군을 보냈는데, 한국군은 용감하기도 했지만 잔인하기로도 이름을 날렸습니다. 이들의 잔인성에 대해서는 부녀자와 미성년자에 대한 집단 강간, 어린이와 노인들에 대한 무자비한 학살 등에 대한 증언이 담긴 자료들이 충분히 말해주고 있습니다.

루카치 한국에서 온 사회자에게 묻겠습니다. 왜 한국은 베트남 침략 전쟁에 참여하였습니까?

강물 당시 한국은 일본 식민 통치 아래서 일본의 군사교육을 받고 일본 이름을 사용하던 친일파 군인 박정희의 군사독재 아래 있었습니다. 그는 1960년에 쿠데타로 정권을 잡았는데 그 쿠데타의 이면에는 미국 중앙정보국의 음모가 있었다는 소문이 자자했습니다. 파병 대가로 받은 돈을 박정희가 착복했다는 소문도 파다했습니다. 결정은 대통령이 아니라 미국이 했고 전시작전권도 없는 한국은 어쩔 수 없이 미국의 결정에 추종했다는 말도 있습니다.

여하튼 한국은 1965년부터 베트남에 많은 전투병을 파병했고 전사자도 많았습니다. 베트남 인민들에 대한 잔인한 행동 때문에 한국군이 베트남 인민들에게 증오의 대상이 된 것은 사실입니다. 한국은 원래 남의 나라를 침략하지 않는 평화를 사랑하는 나라였는데 베트남 전쟁 참전으로 외국의 침략 전쟁에 동참했다는 오명을 얻게 되었습니다. 독재자 박정희는 결국 부하의 총에 의해 살해되었지만 그가 저지른 죄악의 흔적은 아직까지 사라지지 않았습니다. 저는 한국 사람으로서 무척 부끄러움을 느끼며 베트남 인민은 물론 평화를 사랑하는 세계인민들 앞에 머리 숙여 깊이 사죄를 드립니다.

사르트르 혹시 사회자도 베트남전쟁에 참여한 한국 군인들의 잔인한 행동에 대해서 이야기를 들은 적이 있었습니까?

강물 있습니다. 베트남전쟁에 참전했던 한 한국군 해병대원으로부터 우연한 기회에 직접 들은 이야기입니다. 베트남에 도착하면 먼저 살인하는 담력부터 배운답니다, 포로로 잡힌 베트남 사람들을 죽이는 훈련을 통해서요. 적이 죽지 않으면 내가 죽는 전쟁터였으니까요. 물론 이 순진한 해병대원은 처음에 살인을 할 수 없어 주저했답니다. 그런데 한 번은 전투에 나갔다가 한국 군인이 적들에 의해 껍질이 벗겨진 채 나무에 매달려 처참하게 죽어 있는 모습을 목격했답니다.

그 후부터 그는 무자비한 살육자가 되어 동료가 아닌 모든 사람을 죽이는 데 용감했고 즐거움을 느끼기까지 했답니다. 마을을 습격하면 습격을 지연시키기 위해 대부분 여자들이 옷을 벗고 누웠는데 군인들은 그들을 강간하고 대검으로 배를 찔러 죽였답니다. 죽어야 말이 없으니까요. 마을에 도착하면 집 안에 깔깔 어린애들의 웃음소리가 들리며 가족이 즐겁게 놀고 있었답니다. 그러면 군인들은 무조건 "아나, 먹어라!" 하며 수류탄을 집 안에 던져 넣었답니다.

루카치 아, 전쟁은 정말 잔인하군요. 이 지구상에 다시는 그런 전쟁이 일어나서는 안 됩니다. 그런데 사르트르 선생, 베트남전쟁은 항간에서 말하는 것처럼 '더러운 침략 전쟁'이었습니다. 전쟁이 끝난 후 이러한 전쟁을 수행한 나라들에 대한 국제적인 제재는 무엇이었습니까?

사르트르 아무것도 없었습니다. 우리의 법정도 마찬가지였습니다. 앞에서 말했지만 우리 법정의 목적은 물리적인 제재가 아니라 세계 지식인들의 양심에 대한 도덕적인 호소였습니다. 전쟁 중에 미국 시민들이 반전운동을 벌인 것은 바로 우리가 목표로 한 결과의 하나였습니다. 이 전쟁은 미국의 패배로 끝났지만 앞으로도 세계 지식인들은 침략과 전쟁을 반대하는 운동에 앞장서야 하며 그것이 바로 우리가 추구하는 이념입니다.

강물 사르트르 선생님은 앞에서 이 전쟁을 민족 말살 전쟁이라 불렀는데 그 구체적인 이유는 무엇입니까?

사르트르 민족 말살 전쟁이란 나치의 유대인 학살에서 시작되었습니다. 물론 이전의 종족 간의 전쟁이나 식민지 개척 전쟁도 민족 말살 전쟁의 특성을 가지고 있었습니다. 미군도 베트남에서 나치가 유대인에 행한 것과 같은 범죄를 저질렀습니다. 다시 말하면, 죄의 유무에 상관없이 베트남인이라면 무조건 학살한 것입니다. 이러한 학살의 이면에는 흑인, 황인 등의 유색인종에 대한 백인들의 증오가 깔려 있었습니다. 특히 황색인종에 대한 증오는 중국이 공산주의 국가가 되면서 가중되었습니다.

카뮈 내가 일찍 죽은 것을 매우 유감스럽게 생각합니다. 내가 살아 있
었다면 분명히 사르트르 선생님의 베트남 법정에 참여해서 세계 지
성인들을 향해 양심의 목소리에 귀를 기울이며 반전운동에 앞장서라
고 외쳤을 것입니다. 그리고 세계의 약소국가 인민들에게 인민이 단
합하여 결사적으로 투쟁한다면 아무리 강력한 무기를 동반한 강대
국의 침략이라 할지라도 능히 물리칠 수 있다는 사실을 베트남 인민
들이 교훈으로 남겨주었다고 말했을 것입니다.

　(일동 박수)

강물 관념론적인 실증주의 철학을 대변하는 러셀이 이 법정에 적극적
으로 참여한 이유는 무엇입니까?

사르트르 나도 유물론자가 아니라 주관적 관념론자라는 비판을 받고
있습니다. 그러나 유물론 철학자든 관념론 철학자든 철학자들은 양
심의 목소리에 귀를 기울여야 하며 옳은 것을 옳다고 말할 수 있어
야 합니다. 그렇게 말할 수 없는 철학자는 참된 철학자가 아닙니다.
　러셀은 양심적인 지식인이었으며 전쟁을 반대하는 평화운동가였
습니다. 우리는 기독교를 반대하는 무신론자라는 측면에서 같은 입
장이었습니다. 많은 신학자, 종교와 야합하는 어중간한 철학자 들이

베트남 침략 전쟁을 목격하면서도 꿀 먹은 벙어리처럼 침묵을 지키고 있었는데, 나는 그들이 과연 참된 철학자들인가 의심이 들었습니다. 맑스주의 철학자들은 물론 철학자라면 모두 전쟁을 통한 살인을 반대하고 투쟁을 통해 평화 속에서 인간을 사랑하는 정신을 추구해야 합니다.

강물: 감사합니다. 마지막으로 청중과 독자들을 위해 『베트남 법정 혹은 미국심판』에 나와 있는 유고슬라비아 법학자이며 2차 법정의 재판장이었던 블라디미르 데디예르의 머리말을 소개해드리겠습니다. 이 머리말은 법정의 성격을 잘 표현하고 있습니다.

『베트남 법정 혹은 미국심판』 서문

전쟁범죄를 지탄하는 국제 법정의 배심원, 전문가, 사무원들은 세계 각지에서 온 수많은 친구들의 협조를 받아 일 년 동안 작업을 했습니다. 이 법정은 철학적으로나 정치적으로 다양한 견해를 가진 대표자들로 구성되었습니다. 그러나 베트남전쟁은 이 법정을 하나의 공통된 목표 아래 통일시켰습니다. 그것은 가장 부유한 국가인 미국이 식민 통치의 질곡에서 갓 해방된 한 아시아의 농업 국가를 전면전을 통해서 파멸하려 한다는 사실에 더 이상 눈감을 수 없다는 것입니다.

우리 유럽인들은 이 동남아시아 민족에게 자행된 학살에 공동책임이 있습니다. 멀리 떨어진 곳에서 자신의 복지만을 생각하며 눈이 먼 우리들은 지구상의 모든 사람들이 겪지 않으면 안 되는 엄청난 고통에 대해서 무관심해져버렸습니다. 우리는 미 제국주의의 베트남 침략을 저지하기 위한 노력에 너무나도 관심을 기울이지 않았습니다.

유엔이 존재함에도 불구하고 미국의 침략은 확대되었습니다. 이 세계조약기구는 일 년 이상 전쟁범죄에 대한 법정을 개최하지 않았습니다. 강대국의 압력이 이를 항상 방해했던 것입니다.

우리 법정은 세계 양심의 호소를 따른 것입니다. 이 법정은 베트남에서의 전쟁범죄를 공개적으로 조사할 과제를 짊어졌습니다. 여기서 우리는 베트남에서의 미군들의 행위를 민족법의 규범에 맞추어 검토했습니다. 우리는 미국 정부에 이 법정에서 미국의 입장을 설명하고 비난에 대답할 수 있는 전권 대표를 파견하도록 요청했습니다. 미국 정부는 이러한 요청을 거부했습니다. 그러나 우리가 종합한 증거들이 확실하기 때문에 우리가 최대의 지식과 양심에 따라 판결했다는 사실에는 추호의 의심도 있을 수 없습니다.

우리는 우리가 제시한 여론의 결과가 서구 산업국가들 사이에서 베트남에서의 진실이 더 잘 파악되는 데 기여하기를 바랍니다. 국제적인 신문들, 특히 영국과 미국의 신문들은 베트남에서 자행된 구체적인 사실들을 함구하는데 진력을 다하고 있습니다. 그러나 이러한 침묵은 범죄와 똑같습니다. 그러므로 우리는 미국의 독점적인 매스미디어의 영향 때문에 진리가 은폐된 모든 국가의 주민들에게 보다 정확한 정보가 도움이 되기를 희망합니다.

—블라디미르 데디예르(Bladimir Dedijer, 1914~1990)

무신론과 휴머니즘

강물 기독교 전통이 강한 서구에서 카뮈 선생님과 사르트르 선생님은 끝까지 무신론적 세계관을 유지했습니다. 기독교가 선생님들의 생애에 미친 영향은 무엇이며 그것으로부터 벗어나게 된 동기와 과정은 어떠합니까?

카뮈 나는 식민지에서의 삶을 통해서 종교가 정의의 편에 서 있는 것이 아니라 강한 자의 편에 서서 강한 자가 약한 자를 지배하는 것을 합리화하고 도와주는 역할밖에 하지 않는다는 사실을 목격하며 종교에 실망하고 무신론자가 되었습니다.

사르트르 어린 시절의 나에게 많은 영향을 미친 외할아버지는 개신교 목사였으며 외할머니는 가톨릭 신자였습니다. 그러나 나는 이들의 삶이 무엇인가 위선에 빠져 있다는 것을 파악하기 시작하였고, 무신론적인 책들은 그것을 더 확실히 확인시켜주었습니다. 다시 말하면 나는 종교에 대한 확신을 갖지 못했습니다. 나치를 체험하고 철학을 공부하면서 나는 철저한 무신론자가 되었습니다.

강물 루카치 선생님도 무신론자라고 생각하는데 무신론과 휴머니즘은
어떤 관계에 있습니까?

루카치 휴머니즘이란 먼저 인간이 중심이 되는 세계를 이상으로 하는
세계관입니다. 신본주의가 아니라 인본주의 사상입니다. 인간보다 신
을 우위에 두는 세계관이나 종교에서는 휴머니즘이 실현될 수 없습
니다. 인간을 지배하는 어떤 것이 존재하기 때문입니다. 그러므로 휴
머니즘의 첫 번째 조건은 당연히 무신론입니다. 그것을 르네상스의
사상가들이나 프랑스 계몽주의 사상가들이 잘 보여주었습니다.
　다음으로 휴머니즘은 인간의 존엄성을 유지하려는 세계관입니다.
물론 철학자들에 따라 그 방법에서 차이가 나기는 합니다만 인간에
의한 인간 착취가 사라질 때만 인간의 존엄성이 유지되고 휴머니즘
이 실현될 수 있다는 맑스주의의 주장이 가장 현실성을 지녔다고 생
각합니다.

강물 같은 무신론자이지만 선생님은 유물론자입니다. 무신론과 유물론
의 관계는 어떠합니까?

루카치 무신론자 가운데는 니체, 러셀, 하이데거, 사르트르와 같은
관념론적 무신론자도 있고 루드비히 포이어바흐(Ludwig Feuerbach,

1804~1872), 맑스, 엥겔스와 같은 유물론적인 무신론자
도 있습니다. 결론적으로 말하면 모든 유물론자는 무
신론자이지만 관념론자는 무신론자도 될 수 있고 유
신론자도 될 수 있습니다. 관념론적 무신론자는 철저
한 무신론자가 되기 어렵습니다. 니체는 초인과 같은
'미지의 신'을 찾아 나섰고, 러셀은 신의 존재는 확실
히 증명할 수 없다고 말하면서 불가지론*으로 나아갔

루드비히 포이어바흐

습니다. 하이데거는 무신론자였지만 현실의 변화를 위한 투쟁에 참여
하기 위해서가 아니라 고독으로 운명 지워진 외로운 인간의 자기만
족을 위해 신을 부정했습니다. 결국 "언어는 존재의 집이다"라 말하
면서 존재와 결부되는 신의 가능성을 간접적으로 인정했습니다. 사르
트르 선생은 삶과 저술을 통해서 철저한 무신론자로 남았고 말년에
는 실천적인 정치 활동에도 참여했는데 매우 예외적인 현상입니다.

강물 서양 철학사를 살펴보면 무신론적인 철학만이 참
된 철학이 될 수 있다는 주장이 많이 나왔습니다. 폴
하인리히 디트리히 홀바흐(Paul Henri Dietrich d'Holbach,
1723~1789)나 포이어바흐가 대표적인 예입니다. 두 선
생님께서 자신의 철학과 연관하여 이에 대한 입장을
말해주시기 바랍니다.

폴 홀바흐

---

* 사물의 본질이나 궁극적 실재의 참모습은 사람의 경험으로는 결코 인식할 수 없다는 이론.

카뮈 이미 앞에서 언급된 문제입니다만 이것은 매우 중요한 문제이기 때문에 다시 한 번 요약하겠습니다. 삶은 전체적으로 부조리합니다. 이러한 부조리를 벗어나려고 어떤 초월적인 존재를 가정한다는 것은 부조리에 대한 굴복이고 일종의 자살 행위입니다. 부조리 그 자체를 사랑하며 부조리를 극복해가야 합니다. 그것이 바로 내가 말하는 반항입니다. 종교는 굴복이고 철학은 반항이기 때문에 올바른 철학이란 종교와 결별한 무신론적 철학뿐입니다. 나는 종교문제에서 니체의 철학으로부터 많은 영향을 받았습니다. 신이 죽고 모든 것이 허용될 때만 참된 반항이 가능하며 반항을 통해서만 삶에 대한 사랑이 시작됩니다.

사르트르 인간은 무에서 태어나 순간의 선택에 의해 스스로 자기 운명과 역사를 만들어가는 존재입니다. 그러나 신이 존재한다면 인간은 자유로운 선택을 할 수 없으며 선택에 대한 책임도 질 필요가 없습니다. 따라서 철저한 무신론자만이 이러한 과제를 의식하고 실행할 수 있습니다. 어중간한 철학은 종교와 뒤섞이지만 진정한 철학은 종교와 결별합니다.

강물 사르트르 선생님은 "선택하지 않는 것도 선택"이라고 말했는데 종교에 대해 중립을 지키는 사람이 올바른 철학을 할 수 있습니까?

사르트르 종교를 선택한 사람들이 현실과 내세 사이에서 어중간한 삶을 살면 안 되는 것처럼 종교에 대해 무관심한 사람도 어중간한 삶을 살아간다는 책임을 면할 수 없습니다. 인간에게는 항상 단호한 선택이 필요하고 자신의 삶을 보람 있게 살아가려 하는 사람은 침묵이나 무관심 속에서 생을 낭비해서는 안 됩니다. 특히 자기의 삶을 스스로 살아가려는 철학자나 철학에 관심이 있는 사람들은 종교문제에서도 확고한 결단을 해야 합니다.

강물 그런데 카뮈 선생님은 1948년에 수도원의 초청 강연에서 "나는 어떤 절대적 진리나 복음을 소유하고 있다고 느끼지 않습니다. 그 때문에 기독교적 진리가 하나의 환상이라는 원리에서는 출발하지는 않습니다만 거기 참여할 수는 없다는 것을 확인시켜드리고 싶습니다"라 말했습니다. 좀 어중간한 태도가 아니었습니까?

카뮈 내가 무신론자인 줄 알면서 초청해준 사람들에게 그만 한 예의는 지켜야 하지 않겠습니까? 나는 항상 극단적인 것을 피하려 하였고 상대방을 존중하려 하였습니다. 그러나 나는 신은 존재하지 않거나 무능하다고 생각했습니다. 소설 『페스트』에서 "우리가 이해할 수 없는 것을 사랑해야 합니다"라고 설교하는 신부에게 의사 리유는 "나는 어린애들까지도 괴롭히는 창조자를 결코 사랑하지 않을 것입니다"라고 응답합니다. 그것은 나의 신념이기도 합니다.

강물 사르트르 선생님은 자서전 『말』에서 "어머니는 '자기 자신의 신'을 가지고 있었다"고 말했습니다. '자기 자신의 신'이란 무엇입니까?

사르트르 주변에서 행해지는 종교적 의식이나 설교, 교리교육 등이 감동을 주지 못할 때 사람들은 자기 나름대로 신이 무엇인가를 생각하게 됩니다. 물론 나의 어머니는 어린 시절의 나처럼 비판적인 정신과 복종적인 정신을 함께 갖고 있었습니다. 그러나 일상생활에서 그녀는 종교적인 규율보다 양심의 목소리에 더 귀를 기울인 것 같습니다. 나는 어머니는 종교 없이도 충분히 도덕적인 인간이 될 수 있었다고 판단했습니다. 인간의 양심에 따라서 혹은 전통적인 사회규범에 따라서, 행동하는 인간을 나는 '자기 자신의 신'을 가지고 있는 사람이라고 표현했습니다.

강물 선생님은 희곡을 통해서도 무신론을 전파했는데 대표적인 작품은 무엇이며 그 줄거리는 어떠합니까?

사르트르 「악마와 신*Le Diable et le bon Dieux*」입니다. 나는 이 작품에서 선택과 자유의 문제, 그리고 무신론의 문제를 다루었습니다. 이 희곡의 배경은 농민 봉기의 소용돌이에 휩싸였던 16세기 독일입니다. 주인공은 군대통솔자 괴츠이고 그와 상반되는 인물이 목사 하인리히입니다. 두 사람 모두 사생아였습니다. 괴츠가 비웃으며 말하는 것처럼 하인리히는 한 성직자가 가난한 여자를 꾀어 달콤한 밤을 보낸 결과로 탄생했습니다.

마찬가지로 사생아로 태어난 괴츠는 어디에서도 인정받지 못하고 무시당하였습니다. 그는 자신의 운명을 자신의 힘으로 바꾸어보겠다고 결심합니다. 그는 결국 악행을 주저하지 않고 일삼는 악마가 됩니다. 정상적인 사회에서 인정받지 못하는 사생아는 비정상적인 방법을 통해서만 인정을 받아낼 수 있었기 때문입니다. 괴츠는 다른 사람들에게 인정받기 위해서는 그들보다 우위에 있어야 하는데, 악마가 되어 다른 사람들을 두려움에 떨게 하는 것이야말로 최선의 방법이라고 생각했습니다.

어떤 악행도 그에게 두려움을 주지 않았습니다. 그는 악마가 되어 신을 비웃습니다. 자신을 신과 대등한 적대자로 생각합니다. 자신이 통솔하는 군대 부하들까지도 그를 두려워합니다. 그러던 어느 날 대주교의 수하에 있었던 괴츠는 반란군을 진압하기 위해 보름스를 포위하라는 명령을 받습니다. 그러나 명령을 거역하고 반역을 통해 친동생을 죽게 만든 후 의기양양하게 외칩니다. "나는 출생에 의해 사생아가 되었지만 형제 살인자라는 자랑스러운 이름을 얻은 것은 내 자신의 공적에 의해서다."

그러나 보름스에서 도망쳐 나온 가난한 자들의 목사 하인리히를 만나면서 그의 생각은 변화를 겪게 됩니다. 하인리히는 가난한 자들과 교회를 배반하고 도망쳐 나온 참이었습니다. 괴츠는 그에게 자신의 악행을 자랑하고 자신을 보면 신까지도 두려움에 떨 것이라 말합니다. 그러자 하인리히는 사탄을 자처하는 괴츠를 비웃으며 너는 기껏해야 사탄의 졸개에 불과하다고 말합니다. 세상의 악도 신이 만든 것이고, 모순으로 가득 찬 세계에 선은 없다고 말합니다.

그 순간 괴츠는 신을 거역하기 위해 선을 행하고 싶다는 생각을 하게 됩니다. 마음을 고쳐먹은 것이 아니라 다른 사람이 하지 못하는 일을 하고 싶었던 것입니다. 괴츠는 하인리히에게 자신이 선을 행할 수 있다고 장담합니다. 괴츠는 동생의 죽음으로 생긴 막대한 재산을 풀어 가난한 자들을 위한 도시를 건설하려 합니다. 그러나 농민들, 농민 지도자 나스티, 무당 힐다 등과의 마찰이 생기고, 그는 선을 행하는 것이 악을 행하는 것보다 어렵다는 것을 알게 됩니다. 결국 모든 것을 체념한 괴츠는 그를 사랑하는 힐다의 '금욕은 위선'이라는 만류에도 불구하고 금욕과 고행의 길로 들어서게 됩니다.

일 년 후 다시 하인리히를 만난 괴츠는 새로운 결단을 하게 됩니다. 신은 존재하지 않는다는 입장으로 돌아간 것입니다. 괴츠는 말합니다. "과거에 나는 혼자였다. 나 혼자 악을 행할 결심을 했고 선을 찾아 나섰다. 나는 사기를 쳐서 기적을 행했다. 오늘 나는 스스로 자신을 고발하는데 그 죄를 용서해줄 수 있는 인간은 나밖에 없다. 신이 존재한다면 인간은 무다." 그러자 두 사람 사이에 격투가 벌어져 하인리히가 목숨을 잃습니다. 괴츠는 계속 말합니다. "천당이 없다면 지옥도 없다. 존재하는 것은 지상뿐이다."

괴츠는 인간의 행위에 대한 책임을 전가할 절대자는 존재하지 않으며 모든 것은 인간 스스로에게 달려 있다는 결론에 도달합니다. 신이 없다면 인간은 지상에 충실해야 합니다. 괴츠는 다른 사람들과의 공동생활에서 새로운 삶을 시작하려 합니다. 순수한 사랑이나 순수한 선은 존재하지 않으며 선과 악은 항상 얽혀 있다고 확신합니다. 다른 사람들과 함께 투쟁하고 함께 고통을 겪어야 올바른 삶이 이루어집니다. 그것은 쉬운 일은 아니지만 인간의 어쩔 수 없는 과제입니다. 자유롭게 선택하고 스스로 책임을 져야 하는 것이 인간의 운명이기 때문입니다.

강물 선생님은 『문학이란 무엇인가? *Qu'est-ce que la litterature?*』에서 "탄압받는 사람들에게 성직자란 있을 수 없다" "성직자란 탄압하는 계급 또는 인종의 기생충들이다"라 말했는데 이 말은 니체의 종교 비판을 염두에 둔 것입니까? 아니면 맑스의 종교 비판을 염두에 둔 것입니까?

사르트르 형식적으로는 니체의 표현과 비슷합니다만 내용상으로는 맑스의 이념에 가깝습니다.

루카치 두 선생이 종교문제를 개인의 삶과 연관시켜서 해결하려 한다는 인상을 받았습니다. 그러나 내가 생각하기에 종교는 사회적 산물입니다. 다시 말하면 종교의 선택이나 극복은 개인의 결단에만 의존할 수는 없다는 것입니다. 종교를 필요로 하는 사회구조의 문제에 눈을 돌려야 합니다. 그리고 인류의 역사 발전에서 종교가 수행한 역할에도 눈을 돌려야 합니다. 두 선생이 모두 식민주의나 제국주의를 비판하고 있습니다만 여기서 수행한 종교의 역할을 부각시키지 않고 있습니다. 종교는 결국 식민지 개척에서 정신적인 침략 도구의 역할을 했고 식민지 통치를 위해서도 중요한 무기가 되고 있습니다.

강물 루카치 선생님이 말하는 종교는 기독교인 것 같습니다. 불교는 기독교와는 좀 다르지 않겠습니까?

루카치 외형상으로 다를지 모르지만 맑스의 말처럼 결국 모든 종교는 '민중의 아편'입니다. 맑스 이전에도 그렇게 생각한 진보적인 사람들이 많았습니다. 예컨대 18세기 후반에 독일의 문예학자 요한 고트프리트 헤르더(Johann Gottfried Herder, 1744~1803)도 종교가 인간의 영혼에 '치명적인 아편'이라고 말한 적이 있습니다. 불교의 구도 정신도 자세히 살펴보면 결국 민중의 혁명 의식을 마비시키는 역할을 하고 있습니다. 그런데 내가 알기로 오늘날 한국에서는 서양 종교인 기독교가 창궐하고 있다는데 그 이유는 무엇입니까?

요한 **고트프리트 헤르더**

강물 종교에 대한 맑스주의의 견해가 좀 과격하다는 생각이 듭니다. 불교는 '신이 없는 종교'이며 스스로의 노력을 강조합니다. 물론 사회적 모순의 척결이라는 문제에서 좀 수동적이기는 하지만요. 오늘날 한국에 기독교뿐만 아니라 여러 종교가 번창하고 있다는 말은 사실입니다. 저는 그 이유를 두 가지로 추정할 수 있다고 생각합니다. 하나는 앞에서 선생님이 지적하신 것처럼 정신과 문화를 지배하려는 외국의 정책 때문이고, 다른 하나는 사람들이 모순과 절망으로 가득 찬 현실로부터 도피처를 찾으려 하기 때문입니다.

　그러나 그에 대한 저항이 없는 것도 아닙니다. 반종교운동도 있고 종교계 내에서도 각성의 목소리가 나타납니다. 민중불교* 운동도 있고 정의 구현 사제단도 있으며 통일 운동에 앞장서는 목사들도 있습니다. 과거 박정희 군사독재 정권이 통일을 지향하는 양심적인 청년 여덟 명에게 간첩 누명을 씌워 사형을 집행했을 때 한 양심적인 목사는 하늘을 향해 "하나님 개새끼야, 벼락이라도 치지 뭐 하고 있냐?"고 소리쳤답니다.

사르트르 하하하, 매우 재미있는 목사였습니다.

루카치 사회자의 종교는 무엇입니까? 내가 알기로 동양 사람들은 대부분 유교나 불교 신자라던데…….

강물 저도 유교적이고 불교적인 분위기에서 자랐습니다. 석가가 탄생한 초파일에 할머님의 손을 잡고 절에 갔던 일이 생생하게 기억납니다. 보통 때는 유교식으로 생활했지요. 특히 제사를 지낼 때는 더더욱 그러했습니다. 그러나 저의 할머니는 늘 "사람은 흙에서 와서 흙으로 간다"고 말씀하셨습니다. 저의 어머니는 절에 가는 일이 드물었고 유교적이었습니다.

---

* 　1980년대부터 시작된 한국의 진보적 불교 운동. 불교 사상을 기반으로 하여 사회의 구조적인 모순에서 비롯된 민중의 고통을 구원하고자 노력하는 운동.

1980년 5·18 광주민주화운동이 발생하고 군인들이 많은 사람을 살상했을 때, 제 여동생도 부상을 당한 일이 있습니다. 그때 우리 친척 중의 목사 하나가 어머니를 방문하여 모든 것이 하느님의 뜻이니 교회에 나오고 예수를 믿으라고 위로했습니다. 이에 어머니는 화가 나서 "하느님이 있기는 어디 있어? 하느님이 있다면 전두환이 같은 나쁜 놈을 대번에 목 쳐버리지"라 대답했습니다. 전두환은 당시 정권을 잡았던 군인의 우두머리였습니다. 저는 철학을 공부하면서 철저한 무신론자이자 유물론자가 되었습니다. 할머니와 어머니의 말이 유물론적이고 무신론적인 진리를 담고 있었다는 사실을 알게 된 것은 철학을 공부하고 나서였습니다.

루카치 다행입니다.

순수문학과 참여문학, 문학의 역할은 무엇인가

강물 먼저 '부조리 문학'의 선구자이신 카뮈 선생님께서 부조리 문학 경향의 특징을 말씀해주십시오.

카뮈 나는 결코 부조리 문학의 선구자가 아닙니다. 다만 삶이 근본적으로 부조리이고 그에 대한 올바른 반항이 필요하며 예술은 반항과 연관하여 최후의 희망을 우리에게 줄 수 있다고 말했을 뿐입니다. 나는 그러한 사실을 소설과 희곡을 통해 묘사하였습니다. 그리고 부조리 문학의 전형으로서 카프카를 거명했을 뿐입니다.

강물 선생님의 작품들은 순수문학*에 속합니까, 아니면 참여문학**에 속합니까?

---

* 예술적 가치를 추구하는 문학. 사상·주의를 다루지 않으며, 흥미 위주의 대중문학과도 구별된다.

** 주제를 기준으로 분류한 문학의 한 갈래. 대개 정치적·이데올로기적 성격을 띠며, 사회 개혁에 기여한다는 목적의식을 가지고 있다.

카뮈 그 중간이라고 말해야 할 것 같습니다.

강물 사르트르 선생님은 문학의 사회참여를 강조하시며 참여문학을 들고 나왔습니다. 그 이념을 작가의 역할과 연관하여 요약해주시기 바랍니다.

사르트르 나는 현시대 작가의 역할에 대해 『문학이란 무엇인가?*Qu'est-ce que la litterature*』에서 자세하게 설명하였습니다. 작가*écrivain*는 언어에 봉사하는 시인과는 다르게 언어를 도구로 삼아 사회에 참여해야 합니다. 프랑스 전통에 의하면 올바른 작가는 무조건 정치에 참여해야 합니다. 물론 정치가로서가 아니라 작품을 통해서입니다. 독자들에게 변화의 가능성과 선택의 중요성을 보여주는 것도 문학의 과제에 속합니다. 세계의 변화를 목표로 사회에 참여하는 작가는 인간과 사물을 단순히 묘사하는 것에 머물지 않고 독자들에게 상황의 본질을 알려주면서 선택의 가능성을 일깨워주고 그에 대한 책임을 지도록 도와주는 역할을 합니다. 그러므로 여기서는 작가의 문체보다는 그의 세계관이 결정적인 역할을 합니다. 올바른 세계관을 통해서만 올바른 선택이 가능하고, 사회는 올바른 선택을 통해서만 바람직한 방향으로 변화할 수 있기 때문입니다. 사회를 변화시키기 위해서 해야 할 작가의 최대 과제는 자유에 대한 억압과 맞서 싸우는 일입니다.

강물 루카치 선생님은 독일 문학사를 사실주의적인 입장에서 저술했습니다. 사실주의 문학의 특징은 무엇이며, 사실주의 문학의 입장에서는 '부조리'나 '사회적 참여'를 어떻게 평가할 수 있을까요?

루카치 나는 『19세기 독일의 사실주의자들*Deutsche Realisten des 19. Jahrhunderts*』이란 책에서 하인리히 폰 클라이스트, 요제프 폰 아이헨도르프, 게오르크 뷔히너, 하인리히 하이네, 고트프리트 켈러, 빌헬름 라베, 테오도어 폰타네 등을 다루었습니다.

그러나 엄밀히 말해 이들이 모두 사실주의자인 것은 아닙니다. 켈러를 제외하면 낭만주의적 색채가 더 짙은 작가들도 있습니다. 아이헨도르프와 하이네 같은 경우 낭만주의 작가로 다루어지는 경우가 많습니다. 그러나 나는 이들을 모두 사실주의적인 입장에서 해설했습니다. 그러므로 이 책은 사실주의 문학이 무엇인가에 대한 이론을 담고 있습니다.

강물 선생님이 이해하는 사실주의는 어떤 것입니까?

루카치 구체적인 현실을 사실적으로 묘사하는 예술 경향으로서의 사실주의는 모든 시대의 예술에 나타나지만 19세기의 진보적인 예술에서 특히 두드러집니다. 사실주의의 성격은 현실을 떠나 이상으로 도피하려는 낭만주의와 현실을 사진 찍듯이 묘사하는 자연주의와의 차이를 통해 볼 때 더 잘 드러납니다. 사실주의의 특징은 현실을 중시하면서도 현실에 나타나는 잡다한 현상에 매달리기보다는 그 본질을 하나의 전형을 통해서 묘사한다는 데 있습니다. 다시 말하면 사실주의는 예술에 시대정신을 반영하며 전형성의 문제를 특히 강조합니다.

그러나 구체적인 현실에서 출발한다 해도 사실주의는 결코 이상이나 상상력을 소홀히 다루지 않습니다. 인간과 현실을 사랑하고 더 높은 차원으로 발전하기를 염원하는 사람에게 상상은 필수불가결한 무기입니다. 그것은 혁명가들에게도 낭만이 필요한 것과 비슷합니다. 낭만과 이상, 사랑이 없는 혁명가는 단순한 싸움꾼과 같습니다. 다만 낭만이 공허한 이념이나 신비적 환상으로 끝나지 않게 해야 합니다. 부조리 문학은 삶의 본질보다도 현상에 얽매이는 일종의 자연주의 문학이며 사르트르 선생이 주장하는 참여문학도 주관의 자유로운 선택을 전제하기 때문에 사실주의 문학과는 거리가 멀다고 생각합니다.

강물 제가 판단하기로 카뮈 선생님은 부조리와 반항의 철학을, 사르트르 선생님은 개인의 선택을 중시하는 자유론을 문학에도 적용하고 있으며, 루카치 선생님은 유물론이 밑받침된 예술관을 제시하고 있는 것 같습니다.

사르트르 선생님, 선생님의 소설 『자유의 길』은 선생님의 자유론을 예술적 형식으로 표현한 작품입니까?

사르트르 그렇다고 말할 수 있습니다. 이 소설은 3부작으로 구성되어 있는데, 「성숙의 시간」과 「유예」는 1945년에, 「영혼 속의 죽음」은

1949년에 출간되었습니다. 그러나 솔직히 말하면 이 소설은 자유론을 적절하게 묘사하지 못했다고 생각합니다. 좀 산만하고 지루합니다. 오히려 1943년에 『존재와 무』에 이어 나온 희곡 「파리 떼」가 더 성공적이었습니다.

강물 루카치 선생님의 사실주의 이론은 맑스주의 철학을 기반으로 하고 있습니까?

루카치 꼭 그런 것은 아닙니다. 유물론도 맑스 이전의 유물론과 맑스주의의 유물론이 구분되듯이 사실주의도 비판적 사실주의와 사회주의적 사실주의로 구분될 수 있습니다. 일반적으로 비판적 사실주의가 전통적인 유물론과 연결되고 사회주의적 사실주의가 맑스주의와 연결된다고 말할 수 있지만 예외도 있습니다.

비판적 사실주의는 자본주의가 발전하면서 나타나는 사회적 모순을 지적하고 비판하는 예술 사조입니다. 부르주아사회의 진보적이고 양심적인 예술가들은 자본주의사회의 모순을 목격하면서 예술을 위한 예술로 도피하지 않고 인간과 사회를 위한 예술에 앞장섰습니다. 이들은 현실적인 삶을 있는 그대로 자세하게 묘사하면서 그러한 모순이 발생하게 된 원인을 나름대로 파헤쳐갔습니다. 이들은 민중의 비참한 삶이 자본가들의 이익 추구와 연관된다는 사실을 지적하고 비판하였습니다. 그러나 여기에는 아직 혁명을 통해서 자본주의를 무너뜨리고 새로운 사회를 건설할 수 있는 노동자들의 주체적인 역량이 제시되지 못했습니다. 부르주아 휴머니즘에 입각하여 소외된 사람들을 동정하고 자본가들을 질타하는 수준에 머물렀습니다.

그러나 1917년 러시아혁명에 의해서 사회주의사회가 현실적으로 건설되고 노동계급이 역사를 움직이는 주체로 등장하면서 사회주의적 사실주의가 활성화되었습니다. 그러므로 사회주의적인 사실주의는 노동계급의 철학인 맑스-레닌주의와도 밀접하게 연관됩니다. 노동자의 세계관을 이끌어주는 유물변증법에 의한 현실 인식, 유물사관을 통한 올바른 역사 인식이 사회주의적 사실주의 예술의 기초가 됩니다. 카뮈와 사르트르 선생의 작품에도 비판적 사실주의의 요소가 담겨 있는 것은 사실입니다.

강물 현실적인 삶을 그대로 묘사하는 예술 경향은 자연주의가 아닙니까?

루카치 예, 오해하기 쉬운 문제입니다. 자연주의는 삶에 나타나는 자연적인 현상들을 사진 찍듯이 묘사하는 예술입니다. 그러나 사실주의는 삶의 현상이 아니라 그 본질을 암시해야 합니다. 그리고 변화, 발전하는 모습을 보여주어야 합니다. 다시 말하면 핵심적인 시대정신을 전형적인 인물을 통해서 구체적으로 표현하는 것입니다. 그것을 위한 필수적인 기반이 작가나 예술가의 세계관입니다. 따라서 확고한 철학이 없는 예술가들은 현상만 묘사하는 자연주의적 작품밖에 쓸 수 없습니다.

강물 사회주의적 사실주의를 대표하는 작품에는 어떤 것들이 있습니까?

루카치 한국에서도 번역되어 있을지는 모르겠습니다만, 막심 고리키(Maxim Gorky, 1868~1936)의 『어머니*Mamь*』 같은 것들이 있겠습니다.

막심 고리키

강물 사회주의적 사실주의에 대하여 카뮈 선생님은 어떤 비판을 하실 수 있습니까?

카뮈 나는 원래부터 인간의 삶은 부조리이고 그러한 부조리가 혁명에 의해서 척결될 수 없다고 생각하기 때문에 사회주의는 물론 사회주의적 사실주의도 일종의 환상이라고 생각합니다. 다시 말하면 올바른 반항의 범위를 벗어나 있다는 것입니다. 그러나 나는 사실주의적인 소설을 쓰려고 노력했으며 그것이 정의의 실현에 기여한다고 생각했습니다.

강물 사르트르 선생님의 견해는 어떠합니까?

사르트르 나는 사실주의 문학의 가능성을 인정하며 그 가치를 부정하지 않습니다. 그러나 모든 문학에는 어느 정도 사실주의적인 요소가 포함되어 있다고 생각합니다.

사회를 변화시키기 위해서 인간은 사회를 구체적으로 인식해야 하며 거기에 능동적인 결단이 수반되어야 합니다. 많은 사람들은 낭만적인 꿈을 지향하며 선택과 결단을 합니다. 삶의 부조리는 인간의 자유로운 선택과 결단에 의해서 극복될 수 있습니다. 부조리를 그 자체로 사랑하면서 극복한다는 것은 너무 관념적입니다. 구체적인 사회의 모순, 예컨대 나치의 파시즘이나 제국주의 침략에 대한 저항은 형이상학적 반항으로 멈춰 서서는 안 되고 구체적인 투쟁으로 이어져야 합니다. 나는 사실주의 문학을 지지하지만, 사회를 현상과 본질로 구분하는 철학에는 동의할 수 없습니다.

루카치 사회를 현상과 본질로 구분하지 않고 주어진 현상만을 기술하고 정리하는 철학이 바로 실증주의입니다. 물론 현상과 본질은 독립적으로 존재하는 것이 아니고 항상 연관되어 있습니다. 따라서 현상을 분석하여 그 본질을 찾아가는 것이 과학의 과제입니다. 그래서 맑스는 "현상과 본질이 일치한다면 모든 학문은 무용하게 될 것"이라고 말한 것입니다. 예컨대 현상으로 보이는 태양은 축구공만 한 크기에 평면이지만, 본질에서는 지구보다 크며 원형입니다. 현상적으로 보면 자본가와 노동자는 상호 협력하는 것 같지만 본질적으로는 자본가가 노동자를 착취하고 있습니다. 쉽게 말하면 현상을 얽어매고 있는 일정한 법칙이 바로 본질입니다. 자연주의 문학이나 실증주의 철학은 모두 현상에만 매달리고 있습니다. 설마 사르트르 선생이 실증주의 철학을 옹호하는 것은 아니겠지요?

사르트르 물론입니다. 내가 현상에 머물렀다면 '존재'와 '무' 같은 문제를 추구하지 않았을 것입니다. 그런 것들은 실증주의 철학에서는 무의미한 개념으로 배제되고 있으니까요.

강물 한국의 경우에는 문학은 순수해야 한다는 순수문학론이 주도적인 것 같습니다. 루카치 선생님은 순수문학에 대해 어떻게 생각합니까?

루카치 '순수예술'을 옹호하는 사람들은 예술은 그 자체에 목적이 있으며 예술 외적인 것, 특히 정치적인 것으로부터 영향을 받지 않아야 한다고 주장합니다. 그러므로 예술의 사상적 내용과 인식적 의의를 거부하려 합니다. '예술의 자율성' '예술을 위한 예술' 등이 이와 비슷한 이념을 추구하며, 예술의 최고 목적을 미의 추구에 두는 '심미주의', 형식을 중시하는 '형식주의' 등도 여기에 속합니다. 순수예술과 대비되는 것으로는 '참여예술' '삶을 위한 예술' '민중예술' 등이 있습니다.

인류의 예술 발전 역사를 돌이켜보면 예술은 원래 순수한 것이 아니었습니다. 예술 활동은 원시시대에는 생산의 과정을 상징하면서 노동을 도와주는 목적으로, 고대 그리스에서는 시민의 교육을 목적으로, 중세에는 종교적인 이해를 목적으로 이루어졌습니다. 순수예술이라는 이념이 나타난 것은 자본주의사회가 시작되면서부터입니다. 예술을 중세적인 종교와 도덕의 영향으로부터, 그리고 자본주의가 발전하면서 신의 자리에 들어선 돈의 지배로부터 독립시키려는 예술가들의 노력으로부터 순수예술이나 예술의 자율성을 추구하는 운동이 시작된 것입니다. 그러므로 이 운동의 출발은 상당히 긍정적인 측면을 지니고 있었습니다.

그러나 초기의 장점은 점점 퇴색해갔고 순수예술이 기존 사회를 옹호하는 역할을 하게 되었습니다. 다시 말하면 사회의 모순을 척결하려는 민중운동을 가로막는 무기가 되었다는 것입니다. 여기에 비하면 카뮈와 사르트르 선생은 작가의 사회참여를 지지하였습니다. 특히 사르트르 선생은 참여문학을 옹호했습니다. 나는 올바른 작가는 무조건 정치에 참여해야 한다는 사르트르 선생의 말을 절대적으로 지지합니다. 그러나 선생은 자본주의의 제도적인 지배 구조에 항거하면서도 그에 대한 유일한 대안인 노동운동에 참여하지 않고, 자본주의사회에서도 예술가들은 자유를 누릴 수 있다는 환상에 빠졌습니다. 그러나 모든 것이 이익 추구와 연관되는 자본주의사회의 생존 법칙에서 벗어날 수 있는 예술가는 실제로 찾아보기 어려울 것입니다.

강물 일반적으로 전후에 실존주의 문학이 유행했으며 우리나라에서도 그러한 단편소설들이 창작되었습니다. 실존주의 문학의 한계점은 무엇입니까?

루카치 그것은 우리가 이미 앞에서 논한 실존주의 철학의 한계성과도 맞물려 있습니다. 실존주의 철학이 몰락해가는 자본주의의 현실에 직면한 상황에서 아무런 전망도 가지지 못한 지식인들의 절망감을 표현해주는 것처럼 실존주의 문학도 출구 없는 삶의 절망을 묘사하고 있습니다. 그러므로 실존주의적 소설의 주제는 주로 고독, 불안, 절망, 죽음 등입니다. 이러한 절망 상태로부터의 출구를 어떤 실존주의 작가들은 프로이트적인 성적 쾌락에서 찾으려 하고, 어떤 작가들은 잔인하고 서돌적인 엽기 행위에서 찾으려 합니다. 어느 것에나 인간 증오 사상과 허무주의가 짙게 깔려 있지 않은 것이 없습니다. 부조리 문학도 비슷합니다. 자본주의의 모순을 들추어내고 극복하려는 노력 대신 인간이 지닌 영원하고 운명적인 부조리를 내세워 자본주의의 모순을 은폐하려 합니다.

강물 그런데 많은 실존주의적 작가들은 그것이 오히려 인간의 모습을 있는 그대로 바라보기 때문에 가장 현실적인 작품이라고 주장하는데요?

루카치 사회 도덕규범을 거부하고 무제한적인 개인의 가치를 주장하면서 그것이 가장 현실적이라고 생각하는 것은 다른 사람을, 그리고 사회관계를 무시하는 저돌적인 생각에서 나오는 착각입니다. 실존주의 작가들은 객관적인 현실을 거부하고 병적인 세계를 추구하는 자신들의 본질을 은폐하기 위해서 이른바 앙가주망(engagement, 현실 참여)*을 부르짖습니다. 그러나 그들이 말하는 현실 참여란 아무런 목적도

---

* 정치, 사회문제에 관심을 가지고 그 일에 의견을 내거나 그와 관련된 행위를 하는 것.

없는 개인적인 활동에 불과합니다. 삶의 가장 큰 토대가 되는 민중의 삶을 외면하는 방황입니다.

앙드레 말로

　　예를 들어보지요. 프랑스의 실존주의 작가 앙드레 말로(André Malraux, 1901~1976)의 『정복자*Les Conquérants*』라는 소설에서 주인공은 혁명에 참가합니다. 그러나 그가 혁명에 참가한 것은 민중을 해방하려는 목적 때문이 아니라 개인적인 객기의 결과였습니다. 그러므로 그는 혁명의 결과에 대해서는 아무런 관심도 없었습니다.

　카뮈 선생도 『페스트』에서 흑사병을 독일 파시즘에 비유하고 파시즘에 반대하는 프랑스인들의 저항운동을 묘사하려 하였습니다. 이 소설의 주인공들인 정의로운 의사와 신문기자는 용감하게 방역 활동에 참가하지만 질병의 원인이나 방역의 결과, 혹은 사회적 책임에 대해서는 아무런 관심도 없으며 방역에 참가하는 것 자체에 만족을 느낍니다. 이들은 다 같이 역사 발전에 무관심합니다.

　심지어 어떤 실존주의 작가는 반공 대열에 앞장서기도 했습니다. 자본주의사회나 사회주의사회나 큰 차이가 없고 모순덩어리이기는 마찬가지라는 사실을 묘사하면서 삶은 전체적으로 무의미하다고 주장합니다. 결국 허무주의로 돌아가고 맙니다. 극단적인 형식주의를 추구하면서 앙티로망(anti-roman, 반소설)*을 시도하는 작가들도 비슷합니다. 그들은 작품의 내용을 경시하면서 결국 삶의 지엽적인 현상

---

* 전통적인 소설의 형식이나 관습을 부정하고 새로운 수법을 시도한 소설. 1950년대에 프랑스에서 시작한 것으로, 특별한 줄거리나 뚜렷한 인물이 없고 사상의 통일성이 없으며, 시점이 자유롭다.

들에 부착하는 자연주의로 흘러가게 됩니다. 앙티로망이 아무리 상징, 비유, 암호를 사용한다 해도 그들이 추구하는 목적은 숨길 수 없습니다. 민중의 건전하고 구체적인 삶을 은폐하려는 것입니다.

강물 자세한 설명 고맙습니다. 다음에는 문학 이론이 아니라 구체적인 작품을 중심으로 토론을 진행하겠습니다. 사르트르 선생님은 1938년에 나온 소설 『구토』와 많은 희곡 작품을, 카뮈 선생님도 1942년에 나온 『이방인』을 비롯한 많은 소설과 희곡을 발표했습니다. 이 작품들에 대한 전체적인 토론을 시작하겠습니다. 먼저 루카치 선생님께서 『구토』에 대한 소감을 말씀해주시겠습니까.

루카치 아무런 감동도 주지 못하는 무의미한 이야기입니다. 부르주아 지식인들이 체험하는 고독은 사멸해가는 자본주의사회를 반영하는 일반적인 현상이지만 주인공 로캉탱은 인류의 역사 발전을 꿰뚫어보지 못하면서 자기가 처해 있는 상황을 마치 인류의 운명이나 존재의 운명인 것처럼 착각하고 있습니다. 잘못하면 나도 이 소설을 읽으면서 구토를 할 뻔했습니다.

강물 카뮈 선생님은 어떻게 생각합니까?

카뮈 나는 이 소설을 높이 평가했습니다. 위선이나 공허한 이념을 통해서가 아니라 삶을 그 자체로 바라보려 하였기 때문입니다. 삶이 전체적으로 무의미하고 부조리하기 때문에 로캉탱은 사물이나 사람을 보고 이유도 없이 구토를 느낍니다. 이 소설은 부조리문제를 추구하는 나의 사상에 큰 자극을 주었습니다.

강물 사르트르 선생님이 해명해주세요.

사르트르 대답에 앞서 먼저 한 가지 문제를 짚고 넘어가야 하겠습니다. 앞에서 루카치 선생님이 앙가주망을 비판했는데 나를 염두에 둔 것 같습니다. 내가 문학의 앙가주망을 강조했거든요. 현실을 인식하고 변화시키기 위해 문학이 참여해야 한다는 것은 사실주의를 포함한 모든 문학의 기초가 아니겠습니까? 물론 루카치 선생님이 지적하신 것처럼 변질된 앙가주망도 있습니다만 그것으로 앙가주망 전체를 통틀어서 비판하는 것은 일종의 독단이라고 생각합니다.

『구토』는 나의 초기작입니다. 나는 그때 확고한 인생관을 갖지 못했고 삶의 근거를 찾아가고 있는 중이었습니다. 나는 주인공의 모습을 통해 내가 어렸을 때부터 체험한 부르주아사회에 대한 경멸을 표현하려 했습니다. 그러나 주인공의 태도가 너무나 고립되어 있고 주관적이었다는 사실은 인정하지 않을 수 없습니다.

강물 그렇다면 선생님의 철학이 잘 체현된 작품은 무엇입니까?

사르트르 후기 희곡들은 대부분 나의 철학에 대한 내용들을 담고 있습니다. 신이 존재하지 않기 때문에 인간은 스스로 선택을 하고 그에 대한 책임을 받아들여야 한다는 내용을 주제로 한 「악마와 신」에서 특히 그러한 사실이 잘 표현되었다고 생각합니다.

강물 이에 대한 평가는 독자들의 몫으로 돌리겠습니다. 다른 이야기로, 카뮈 선생님의 작품들에는 자연에 대한 사랑, 다시 말하면 지중해의 아름다운 경치와 어울려서 행복하게 살아가는 인간의 모습들이 종종 나타나는데 사르트르 선생님의 작품에는 자연에 대한 사랑이나 자연과 인간의 조화로운 공존의 모습이 거의 나타나지 않고 있습니다. 카뮈 선생님은 그 이유가 무엇이라고 생각합니까?

카뮈 사르트르 선생님의 철학과 연관됩니다. 사르트르 선생님의 철학에서는 자아가 아닌 모든 것, 다시 말하면 타자, 자연, 사회가 자신의 자유를 제한하는 구토의 대상이 됩니다. 그러므로 바닷가의 돌, 떨어지는 폭포수, 아름다운 태양 등이 감동을 주는 아름다운 대상이 아니라 타자로서 소외의 대상이 되고 있습니다. 서재와 도시의 카페에서 생활한 사르트르 선생님에게는 자연의 미가 아무런 매력을 주지 못한 것 같습니다.

강물 소설의 주인공 로캉탱은 역사 연구가였는데 보통 역사학자들은 역사철학을 갖고 있습니다. 로캉탱의 역사철학은 어떤 것입니까, 사르트르 선생님?

사르트르 역사철학이 존재하지 않는다는 역사철학입니다. 무의 가능성으로 점철된 개인의 삶이 사후에야 비로소 그 내용이 확정되는 것처럼, 시대에 관해서도 우리는 아무런 예견이나 전망을 할 수 없습니다. 아무것도 알지 못할 때만 인간은 자유로운 선택을 할 수 있습니다. 인간의 결정을 좌우하는 모든 요인이 알려진다면 모험, 용기, 불안, 기다림, 노력과 같은 것이 사라지고 인간은 인간이 아니라 신이 되어버릴 것입니다. 나는 인간의 행위를 이끌 수 있는 역사적 전망은 불가능하며 그러므로 역사철학은 학문으로서 성립될 수 없다고 생각합니다.

루카치 개인의 결단 속에서 도덕적인 근거를 찾으려는 사르트르 선생의 주관주의적 역사관은 매우 일면적입니다. 다시 말하면 역사 발전에서 나타나는 주관과 객관, 현상과 본질, 우연과 필연의 변증법을 이해하지 못하는 것입니다. 모든 것이 기계적으로 결정된다는 기계적 유물론과 마찬가지로 모든 것이 주관의 선택에 의존한다는 주관주의도 비변증법적인 오류에 빠지고 맙니다. 역사 발전의 모든 요인이 알려지느냐, 모든 현상이 결정되어 있느냐가 아니라 본질적인 요인과 그 연관성이 인간에 의해서 어떻게 파악되느냐가 중요합니다. 자유로운 행위란 객관적인 발전 법칙과 모순되는 것이 아니라 그것을 기반으로 해야 합니다. 사르트르 선생처럼 생각한다면 개인의 행동이나 사회 발전에 어떤 목표나 전망도 있을 수 없습니다. 눈을 감고 주먹을 불끈 쥐며 달려 나가는 것과 다를 바 없습니다.

강물 다음은 카뮈 선생님의 『이방인』으로 넘어가겠습니다. 먼저 루카치 선생님께서 이 작품에 대한 소감을 말씀해주세요.

루카치 작중 주인공 뫼르소가 삶의 무의미함 때문에, 지루함 때문에, 태양의 빛이 너무 눈부셔서 무심코 아랍인을 권총으로 살해하는 장면이 나옵니다. 이것은 작자의 의식 속에 아랍인에 대한 프랑스인의 우월감이 잠재해 있다는 표시입니다. 왜 하필 프랑스인이 아무 이유도 없이 아랍인을 죽여야 합니까? 왜 사람을 죽이면서도 아무런 죄책감도 느끼지 않습니까? 반대로 생각해봅시다. 아랍인이 심심풀이로 프랑스인을 죽일 수 있겠습니까? 프랑스인을 죽이면서도 죄책감을 느끼지 않겠습니까? 나는 이 책을 근거로 노벨문학상이 수여된 이유를 도대체 이해할 수가 없습니다.

카뮈 루카치 선생님의 비판은 삶을 논리적으로 파악하는 데서 오는 편견입니다. 삶은 논리가 아니라 살아 있는 현실입니다. 많은 경우 삶은 우연에 의해서 지배되고 있습니다. 선생님의 말대로라면 우연도 없고 모순도 없어야 합니다. 나는 선악의 문제나 이성과 비이성의 문제를 전혀 고려하지 않고 삶을 있는 그대로 묘사했고 그것이 부조리라고 확신했습니다.

강물 사르트르 선생님은 어떻게 생각합니까?

사르트르 나는 이 소설에 대한 평을 신문에 발표했습니다. 카뮈 선생이 나의 소설을 긍정적으로 평가해준 것처럼 나도 긍정적인 면을 보려고 노력했습니다. 나는 작가는 도덕적인 설교를 해서는 안 되고 삶을 있는 그대로 바라보아야 한다는 점에서 이 책을 긍정적으로 평가했습니다. 작가는 이 책에서 해명이나 증명을 하려 한 것이 아니라 부조리한 삶을 단순하게 기술했습니다. 그러나 주의 깊은 독자들은 이 책에서 겉으로 나타나지는 않지만 숨어 있는 사실, 곧 부조리에 대한 작가의 반항과 사랑의 흔적을 예감할 수 있습니다. 다음에 나온 『시시포스 신화』에서 작가가 부조리를 개념적으로 해명해주었다면 이 소설에서는 그것을 느낌으로 표현했습니다. 나는 당시까지도 정치적인 문제에는 집중하지 않고 있었기 때문에 루카치 선생님이 지적해주신 문제는 생각하지도 못했습니다.

강물 카뮈 선생님은 『이방인』의 영문판 서문에서 "이 책의 주인공은 사회적 인습에 동의하지 못했기 때문에 사형 언도를 받는다. 이런 의미에서 그는 그가 사는 사회에서 하나의 이방인인 것이다. …… 그는 거짓말하기를 거부한다. 거짓말이란 참이 아닌 것을 말하는 것만은 아니다. 참인 것 이상을 말하는 것, 다시 말하면 자기가 느끼는 것 이상을 말하는 것도 거짓말에 해당된다. …… 뫼르소는 참된 것만을 말한다. 그는 자기 감정을 속이는 일을 거부한다. …… 독자들은 『이방인』을 가식 없이 진실을 위해 생명을 거는 영웅적인 한 남자의 이야기로 이해한다면 어긋나지 않을 것이다"라 썼습니다. 루카치 선생님은 이 말에 동의합니까?

루카치 동의할 수 없습니다. 주인공 뫼르소가 진실했던 것은 자기 감정에 대해서뿐이었습니다. 그는 잔인함에도 무관심했지만 진실에도 무관심했습니다. 진실에 무관심한 척하면서 오히려 거짓말을 했습니다. 그는 레이몽을 위해 아라비아 여자를 속이고 그녀를 굴욕에 처하게 할 수 있는 편지를 날조했습니다. 후에 레이몽이 그 여자를 구타했을 때 뫼르소는 그를 석방시키기 위해 경찰을 속였습니다. 이러한 속임수들이 무관심이라는 방패막이에 흡수되어 흐릿해졌을 뿐입니다.

물론 이러한 것들이 별로 중요한 사안은 아닐지도 모릅니다. 그러나 그것은 소설 전체에 보이지 않는 독소로 작용하고 있습니다. 예컨대, 당시 복수를 하려는 원주민을 살해한 프랑스인에게는 사형 언도를 내리지 않는 것이 법정의 통례였으나, 소설에서는 법정이 이러한 사실과 어긋나는 판결을 내립니다. 제르맹 브레(Germaine Brée, 1907~2001)와 같은 해설가는 작가가 "아프리카 해안의 아름다움과 태양의 장관, 그리고 토착 알제리인의 기질, 도덕, 입장, 언어 등의 특이성을 어느 누구보다도 잘 묘사했다"고 말했으나 이 소설에 등장하는 알제리인들은 모두 이름을 지니지 않는 막연한 존재이며 사물과 다를 바 없고 특성이 없는 인간들입니다. 작가는 오히려 알제리의 사회적 현실을 왜곡했습니다. 이렇게 거짓말을 하면서 자기 감정을 속이지 않는 것이 오히려 정직한 삶이라고 주장하는 작가의 이념은 너무 주관적이고 비현실적이지 않습니까?

강물 어떤 해석자들은 뫼르소가 비록 사회의 압력에 투쟁한 것은 아니지만 그에 적응하기를 거부하면서 저항을 통해 사회적인 모순을 고발했다고 평가하는데요?

루카치 그것도 일종의 견강부회입니다. 뫼르소는 태양 때문이라 변명하며 아랍인에게 총을 쏘고 그가 쓰러지자 죽은 몸뚱이에 다시 네 발을 더 쏘아 총알이 눈에 보이지 않을 만큼 깊이 박혔다고 말하는데 이 경우 뫼르소는 무엇을 고발한 것입니까? 인간의 잔인성입니까? 원주민은 원주민답게 자기 주제를 알며 살아야 한다는 것입니까? 지중해 문화는 유럽적인 문화이고 알제리 문화는 프랑스 문화이며, 이 문화에 참여하는 프랑스인은 어떤 경우에도 프랑스인으로 남아야 한다는 것입니까?

카뮈 다시 한 번 말하지만 나는 알제리 사회를 분석하는 기사를 쓴 것이 아닙니다. 뫼르소의 개인적인 이야기를 쓴 것도 아닙니다. 뫼르소라는 인물을 통해 모순으로 가득 차 있는 삶의 근본적인 모습을 제시하려 한 것입니다. 그것을 착각하면 루카치 선생님의 생각과 같은 오해가 생겨나게 됩니다.

강물 카뮈 선생님은 점령과 저항이라는 나치 시절의 체험을 반영한 소설 『페스트』에서 사회정의와 지식인의 참여를 강조한 것 같습니다. 루카치 선생님은 어떻게 평가합니까?

루카치 물론 이 소설에는 부당한 침략자에 대한 구체적인 저항이라는 의미가 들어 있습니다. 그러나 내가 이미 앞에서 언급한 것처럼 나는 만족할 수가 없습니다. 이 작품은 소설이라기보다 우화의 옷을 걸친 설교에 불과합니다. 구체적인 것은 해설자, 도시, 페스트이고 나머지 인물들은 상징적인 가치만을 지니고 있습니다. 오랑이라는 알제리의 도시도 아랍인들은 거의 등장하지 않고 거리와 가옥만이 드러나는 적막한 장소입니다. 프랑스의 도시와 다를 바 없습니다. 정의를 위해서 투쟁하는 주인공도 오만한 식민주의의 틀을 벗어나지 못했습니다. 독자들은 페스트로 상징되는 외국의 침략을 나치의 죄악과 결부시킬 수는 있어도 알제리를 침략한 프랑스와는 결부시킬 수 없습니다. 그 가능성을 작가가 이미 소멸시켰기 때문입니다. 이런 의미에서 판단할 때 리유, 타루, 그랑은 악에 대해서 싸우는 충실한 투사가 아니라 식민주의를 합리화하는 페스트 자체입니다. 페스트의 근원을 알지 못하는 중세적이고 도덕적인 설교자는 이미 병에 전염된 환자일 뿐입니다.

강물 좀 신랄한 비판인 것 같습니다만 카뮈 선생님은 비판에 크게 신경을 쓰지 않을 것으로 믿습니다. 누구나 비판을 할 수 있고 이념은 비판을 통해서 발전하니까요. 그리고 두 선생님은 소설뿐만 아니라 희곡을 사랑하여 많은 작품을 창작했습니다. 먼저 카뮈 선생님께서 희곡에 대한 선생님의 입장을 말해주기 바랍니다.

카뮈 나에게도 반론의 여지가 많습니다만 접점을 찾기가 쉽지 않을 것 같아 그만두겠습니다. 여하튼 관심을 가져준 데 대하여 감사를 드립니다.

나는 연극을 무척 사랑하였고 젊은 시절에 작가, 연출가, 배우의 역할을 다 해보았습니다. 스무 살 때는 도스토옙스키의 소설에 감동했는데, 그 감동은 아직까지도 사라지지 않고 남아 있습니다. 도스토옙스키는 인간 본질의 비밀을 적나라하게 파헤쳤으며 니체에 앞서 삶의 허무를 진단했습니다. 그는 삶의 허무를 파헤치는 동시에 삶에 대한 사랑의 실마리도 놓치지 않았습니다. 나는 도스토옙스키를 사랑하면서 삶을 사랑하는 법을 배웠습니다. 그는 사회주의적 이념이 없는 종교는 물론 종교가 없는 사회주의적 이념도 부정했습니다.

여하튼 나는 그의 사상에 매혹되어 그것을 희곡으로 표현해보려 하였습니다. 희곡은 독자들에게 생생한 감동을 주니까요. 나의 대표적인 희곡인 「칼리굴라」 「오해_Le Malentendu_」 「정의의 사람들」 「신들린 자들」에는 모두 어느 정도 도스토옙스키의 이념이 깔려 있다고 말해도 과언이 아닙니다.

강물 사르트르 선생님의 대표적인 희곡 작품은 무엇이며 그 전체적인 이념은 무엇입니까?

사르트르 여기 소개된 작품 외에도 「닫힌 방_Huis clos_」 「무덤 없는 주검_Morts sans sépulture_」 「존경할 만한 창녀_La Putain respectueuse_」 「더러운 손」 등이 있습니

다. 나의 희곡을 관통하는 전체적인 이념은 '자유를 쟁취하기 위한 투쟁'이라 말할 수 있습니다. 어떠한 상황에서도 스스로의 선택과 결단을 통해서 스스로의 삶을 살아가야 된다는 이념입니다.

카뮈와 사르트르,
어제의 철학 동지들이 결별한 이유

강물 제2차 세계대전이 끝나고 사르트르 선생님과 카뮈 선생님은 파리에서 활동하셨습니다. 사르트르 선생님은 교직에서 벗어나 자유로운 문필가로 활동하면서 정치적인 조직을 결성하기 위한 시도를 하시기도 했지만, 여의치 않아 〈현대〉지를 창간하여 프랑스 사상계를 주도해가셨습니다. 카뮈 선생님은 레지스탕스 신문 〈콩바〉지의 편집에 참여하였고 갈리마르 출판사의 고문으로 일하기도 하였습니다.

「파리 떼」의 공연에서 처음 만난 두 선생님은 동지가 되었습니다. 그러나 1952년, 그러니까 한국전쟁이 한창일 때 카뮈 선생님의 『반항인』이 나오면서 상황은 돌변했습니다. 이 책을 읽어보고 실망한 사르트르 선생님은 비판하려 하였으나 저자와의 우정을 감안하여 직접 펜을 들지 않고 동료인 장송에게 〈현대〉지에 이 책에 대한 평론을 게재하도록 권유하였습니다. 평론을 본 카뮈 선생님은 무척 격앙하였고 이 평론의 배후에 사르트르 선생님이 있다고 생각하며 〈현대〉지 주필에게 보내는 장문의 반박문을 썼습니다. 그렇게 하여 두 사람 사이에 논쟁이 시작되었습니다. 우선 카뮈 선생님께서 장송의 평론이 어떤 점에서 선생님을 격앙하게 만들었는지 말씀해주시기 바랍니다.

카뮈 장송이 나를 '역사를 벗어나 무정부적인 천사들의 무기력한 합창에 끼어든 우익 반동분자'로 매도했기 때문입니다. 내가 일종의 '반역사주의적인 몽상가'로서 맑스주의 철학을 잘 알지도 못하고 비판했다는 것입니다. 다시 말하면, 혁명을 '타락한 반항'이라 낙인찍으면서 혁명의 발생에서 결정적인 역할을 하는 경제적 문제를 도외시했다는 것입니다.

강물 이에 대한 선생님의 반론은 무엇입니까?

카뮈 장송은 내가 맑스주의를 오해한 것 이상으로 나의 의도를 오해하고 왜곡한 사실을 지적했습니다. 물론 나는 맑스주의 철학을 깊이 공부하지 않았습니다. 그러나 그렇다고 해서 장송이 지적한 것처럼 무식한 것도 아닙니다. 맑스의 혁명 이론을 역사에 그대로 적용하면 필연적으로 전체주의가 발생하고 개인의 자유가 억압됩니다. 장송은 역사 발전의 원칙만을 바라볼 뿐 거기서 파생되는 해악을 고려하지 않았습니다. 실제로도 사회주의국가에서 개인의 자유를 억압하는 전체주의적 경향이 나타났는데도 장송은 그에 대해 침묵을 지켰습니다.

강물 사르트르 선생님은 나중에 「카뮈에게 보내는 편지」라는 상당히 긴

글을 발표하여 카뮈 선생님을 역공했습니다. 어떤 내용이었습니까?

사르트르 카뮈 선생이 자신의 반박문 제목을 「주필에게 보내는 편지」라고 붙인 것 자체가 마음에 들지 않았습니다. 마치 장송을 상대할 만한 가치가 없는 보잘것없는 비평가로 취급하는 듯했습니다. 카뮈 선생은 동등한 입장에서 장송의 평론에 대해 토론을 하는 것이 아니라, 흡사 신이 부여한 절대적인 권위라도 가진 양 장송에게 훈계를 하려 했습니다. 물론 카뮈 선생의 작가로서의 능력은 아무도 부정할 수 없지만, 그렇다고 해서 자신에게 그런 권위가 있다고 생각할 수 있는 것인지 이해가 되지 않았습니다.

카뮈 선생은 마치 비참한 사람들의 변호사라도 되는 것처럼 도덕이라는 무기를 들고 나왔는데 실제로 고통을 당하고 있는 식민지 노동자들이 과연 선생을 형제로 생각할까요? 선생은 〈현대〉지의 편집진들이 소련의 강제수용소에 대해 적극적으로 언급하지 않는다고 비판했는데, 나는 개인적으로 강제수용소에 대한 비판을 이미 지상에 발표했었습니다. 또 선생은 장송이 공산당과 공산국가에 대한 저항을 부각하지 않는다고 꼬집었는데, 나는 이 문제에 있어서도 섣불리 단정적인 평가를 내릴 수 없다고 생각했습니다. 소련은 여전히 자신들이 바라는 혁명적인 변화를 계속하고 있었기 때문입니다.

카뮈 선생은 장송과 나를 뒤섞어 비판하는 수법을 사용했습니다. 하지만 독자들은 장송을 향하는 듯한 선생의 반박이 사실은 주필인 나를 향하고 있다는 것을 금방 알아차릴 것입니다. 나는 한 작가와 마주 서 있는 것이 아니라 색안경을 쓰고 범인을 찾아내는 재판관 혹은 경찰과 마주 서 있는 것 같다는 느낌을 받았습니다. 카뮈 선생은 스스로 폭력의 사용을 용인하지 않는다고 하면서 도덕이라는 이름으로 우리에게 덕의 폭력을 가한 것입니다.

강물 이에 대해 카뮈 선생님은 침묵을 지키면서 결별했지요?

카뮈 침묵도 중요한 항변입니다. 논쟁할 만한 가치가 없는 것에 대해서는 침묵을 지켜야 합니다. 그러나 먼저 결별을 선언한 것은 사르트르 선생님이었습니다. 선생님은 이 글을 다음과 같은 말로 끝맺었기 때문입니다. "우리 잡지는 항상 당신이 회답할 수 있는 지면을 열어놓았지만 당신은 나로부터 더는 대답을 받지 못할 것입니다. 당신이 나에게 말로써 반박하든 행동으로써 반박하든 나는 당신과 싸우기를 거부합니다. 우리의 침묵으로 이 논쟁이 잊히기를 바랍니다." 나는 마음속으로 사르트르는 인간적인 면에서도 정신적인 면에서도 성실하지 못하다고 생각했습니다.

강물 이 논쟁에 대한 루카치 선생님의 소감은 어떻습니까?

루카치 두 사람 사이의 논쟁이 사르트르 선생의 답변에서 총체적으로 개괄되었다는 느낌을 받았습니다. 카뮈 선생은 맑스주의 철학을 옳게 이해하지 못했을 뿐만 아니라 혁명의 성격이나 독재의 성격도 이해하지 못하고 있습니다. 맑스주의 역사철학은 결코 경제적인 결정론이 아닙니다. 물론 경제 관계가 사회 발전에서 주도적인 역할을 하기는 하지만 그것은 객관적 조건이고, 혁명은 그 객관적 조건을 이용할 수 있는 주관적 조건이 성숙될 때만 발생합니다. 계급의식이나 조직 문제가 혁명의 주관적 조건에 속합니다. 나는 그것을 『역사와 계급의식』이라는 책에서 자세히 밝혔습니다.

그리고 1789년의 프랑스혁명과 1917년의 러시아혁명은 질적으로 상이합니다. 앞의 것을 무제한한 소유권을 보장하기 위한 혁명이라 한다면, 뒤의 것은 소유권을 폐기하는 혁명입니다. 전체주의라는 문제에서도 부르주아가 중심이 되는 독재와 프롤레타리아 독재는 질적으로 다르며, 둘 다 전체주의의 모습을 보일지라도 인민을 위한 인민의 전체주의는 반혁명 세력을 방어하기 위하여 불가피하고 과도적인 성격을 지닙니다. 다시 말하면 프롤레타리아 독재는 인민을 향해서는 민주주의이고 적대 세력을 향해서는 독재주의입니다. 카뮈 선생은 이러한 차이를 보지 못하고 혁명과 독재 모두에 '타락한 반항'이라는 감투를 씌웠습니다.

카뮈 선생은 장송과 〈현대〉지의 편집자들이 소련의 강제수용소에서 벌어지는 인권침해에 침묵을 지켰다고 비난했지만, 그 자신도 한국전쟁에 대해서 침묵을 지키면서 이중적인 태도를 보였습니다. 피카소와 같은 화가도 「조선에서의 학살Masacre en Corea」이라는 그림을 통해 신천에서 저지른 미군의 만행을 고발했는데 과연 카뮈 선생은 그때 무엇을 생각하고 있었는지 궁금합니다.

강물 제 생각으로 카뮈 선생님보다 사르트르 선생님이 상대방을 더 가혹하게 비판한 것 같습니다. 한때 동지였던 사람에게 이러한 비판을 할 수밖에 없었던 이유라도 있었나요?

사르트르 시대적인 분위기가 작용한 것 같습니다. 당시 세계정세는 많은 위험을 안고 있었습니다. 미·소의 냉전은 결국 한국전쟁이라는 비극을 낳았고 프랑스를 비롯한 세계의 지식인들은 무엇인가 발언을 하고 구체적인 입장을 표명해야 했습니다. 파시즘에 대한 막연한 저항에서 벗어나 세계인민의 평화와 평등의 실현에 적극적으로 동참해야 하는 시기였습니다.

그런데 카뮈 선생의 반항은 추상적인 언어를 동원하여 도리어 냉전을 부추기는 결과를 낳았습니다. 역사 속에서의 참여를 거부하고 역사 밖에 서서 역사의 무의미함을 외쳤습니다. 그러나 실제로는 편견에 사로잡혀 공산국가의 정책에서 나타나는 부차적인 모순들을 확대하면서 자본주의국가들에서 시행되고 있는 더 큰 죄악들을 가리려 하는 천박한 반공주의자의 모습을 보였습니다. 일종의 이념적인 마녀사냥에 동참한 것입니다. 그렇게 해서는 정의가 실현될 수 없습니다. 그러한 논리는 인류에게 더 큰 불행을 가져오게 되며, 나는 지식인의 양심으로 그것을 방지하려 했던 것입니다.

강물 선생님의 입장에 대하여 우익 반공주의자들의 반발이나 법적인 제재가 있었을 것으로 추정되는데요?

사르트르 학문의 자유를 존중하는 프랑스 전통에 따라 법적인 제재는 없었습니다. 법으로 학문 연구의 자유를 침해하는 국가는 결국 문화 발전에서 낙후되고 마니까요. 프랑스는 적어도 학문의 자유를 억압하는 야만적인 국가는 아니었습니다. 그러나 우익의 테러는 있었습니다. 후에 우익 쓰레기들이 나의 집에 폭탄을 던졌지만 나는 무사했습니다.

강물 선생님의 반려자였던 보부아르가 「파리의 선비들*Les mandarins*」이란 소설에서 이 문제를 다루었지요?

사르트르 그렇습니다. 동서 간의 냉전을 기반으로 하는 당시의 시대적인 분위기는 나를 비판하고 카뮈의 편을 들었습니다. 카뮈 선생을 참되고 독립적인 지식인으로 추켜세우고 나를 사회주의국가에 의지하는 '좌파 용공 지식인'으로 매도했습니다. 예컨대 미국 중앙정보부로부터 비밀리에 자금 지원을 받았던 이탈리아의 잡지 〈현대〉의 주필 키아로몬테는 내가 아마추어 공산주의자로서 도덕적인 안이함과 지적인 오만 때문에 '공산당에 유리한 지적인 혼란'을 야기했다고 비판했습니다.

그래서 보부아르가 나선 것입니다. 이 소설에서 보부아르는 소련에 노동자 수용소가 존재하느냐, 그렇지 않느냐의 문제를 두고 벌어지는 의견 대립을 다루었습니다. 소설의 두 주인공은 그것이 존재한다는 것을 확인했지만, 그 사실을 발표하느냐, 안 하느냐의 문제로 또다시 의견이 갈라졌습니다. 진보적인 주인공은 그 사실을 발표하는 것이 노동자계급을 착취하려는 자본주의사회의 부르주아계급에 이용될 수 있기 때문에 반대했습니다. 사회주의사회의 사소한 모순을 과장하여 자신들의 더 큰 모순을 은폐하는 것이 부르주아 지식인들이 상용하던 수법이었습니다. 물론 나는 소련의 모순을 비판하고 개혁을 호소했기 때문에 그 주인공이 나와 완벽하게 일치하는 것은 아니었지만 많은 사람들은 그렇게 오해했습니다.

죽음이라는 부조리, 어떻게 마주할 것인가

강물 카뮈 선생님은 1959년 크리스마스를 가족과 함께 파리에서 상당히 먼 시골집에서 보냈습니다. 이후 출판업자 갈리마르 가족이 카뮈 선생님을 방문하여 함께 1960년 새해를 맞이했습니다. 1월 2일에 선생님의 부인은 아이들의 학교 때문에 먼저 파리로 돌아갔고 남은 일행은 다음 날 자동차를 타고 여유 있게 드라이브를 즐기며 파리를 향해 떠났습니다. 1월 4일 일행은 파리에서 약 백 킬로미터 떨어진 시골에서 점심을 먹고 국도를 따라 달렸습니다. 그런데 빌블르뱅에서 갑자기 자동차가 흔들리며 가로수에 부딪쳤습니다. 운전석 옆에 앉아 있던 카뮈 선생님은 그 자리에서 사망하시고 다른 사람들은 자동차 밖으로 튕겨나갔습니다. 이들은 병원으로 후송되었지만, 결국 갈리마르도 사망하고 말았습니다. 비극적인 교통사고였습니다. 1월 7일 사르트르 선생님은 부조리한 삶을 사랑하다가 부조리하게 죽은 카뮈 선생님을 애도하며 추도사를 썼는데 대강 어떤 내용이었습니까?

사르트르 "비록 우리의 의견이 갈라졌지만 그것은 별로 중요한 일이 아니다. 그것은 바로 우리가 처해 있는 이 좁고 작은 세계에서 함께, 서로를 눈여겨보면서 살아가는 삶의 또 다른 방식일 뿐이다. 우리는 서로 침묵을 지켰지만, 나는 항상 그가 자신이 읽었던 책이나 신문들에 대해 어떤 관점을 가졌을지 궁금해했다. 그는 역사를 등지는 도덕주의적인 프랑스 작가들의 살아 있는 상속자가 되었다. 그의 순수하고 감각적인 휴머니즘은 우리 시대의 폭력적이고 조야한 사건에 대항하여 싸우는 독특한 투쟁 방식이었다. 이러한 고집스러운 거부를 통해 그는 이 시대의 한복판에서 마키아벨리즘*과 현실주의적인 황금만능주의를 거부하는 도덕률이 존재한다는 것을 보여주었다." 대강 이렇게 썼습니다.

강물 선생님은 이 부조리한 죽음을 우연의 산물이라 생각하십니까, 아니면 그것도 선택의 결과라고 생각하십니까?

사르트르 우연처럼 보이는 선택의 결과였습니다. 카뮈 선생이 부인과 함께 떠나지 않은 것, 기차를 타지 않고 승용차를 탄 것, 앞자리에 앉은 것 등은 결국 선택의 결과가 아니겠습니까?

루카치 동기에서는 선택이 작용했지만 결과에서는 우연이 작용했다고 말해야 할 것 같습니다. 우연과 필연, 자유로운 선택과 운명적인 결과

---

* 국가의 유지, 발전을 위해서는 어떠한 수단이나 방법도 허용된다는 국가 지상주의적 정치사상.

사이에 변증법적 연관성이 존재한다는 사실을 카뮈 선생의 부조리한 죽음이 보여주는 것 같습니다.

강물 "사람이 할 수 있는 일을 다 하고 결과는 하늘의 명을 기다린다^盡 ^{人事 待天命}"는 중국 고대의 속담이 있는데 말씀하신 것과 비슷한 의미를 지닌 것 같습니다. 여하튼 카뮈 선생님의 죽음은 무척 애석한 일이었습니다.

마지막으로 앞에서 하이데거의 철학과 연관하여 간단하게 언급된 죽음의 문제를 다시 한 번 토론해보았으면 합니다. 루카치 선생님, 일반적으로 철학자들은 죽음에 대해서 어떤 입장을 갖고 있었습니까?

루카치 철학자마다 다릅니다. 그리고 죽음은 철학자들뿐만 아니라 모든 인간이 생각하고 또 생각해야 할 문제입니다. 서양에서 죽음의 문제를 논리적으로 거론한 최초의 철학자는 로마 시대의 에피쿠로스 (Epikouros, 기원전 341~기원전 271)였습니다. 에피쿠로스는 인간이 자연의 본질과 함께 죽음의 본질을 명확하게 인식해야 불안을 벗어나 행복해질 수 있다고 말했습니다. 그의 주장에 따르면 죽음이란 인간에게 없는 것과 같습니다. 다시 말하면 아무 상관이 없는 것입니다. 왜냐하면 인간은 죽기 전에는 죽음을 알지 못하며 죽은 후에는 느낌이나 의식 자체가 사라져버리기 때문에 죽음과는 더욱더 무관하게 됩니다. 그러니 삶과 아무런 의미나 연관이 없는 죽음

에피쿠로스

을 생각하며 쓸데없는 걱정을 하지 말고 현재의 삶에 충실하라고 에피쿠로스는 가르쳤던 것입니다.

강물 저는 "인간은 삶이 무서워서 사회를 만들었고 죽음이 무서워서 종교를 만들었다"는 말을 들은 적이 있습니다. 무신론자이신 사르트르 선생님도 종교가 만들어진 것은 죽음에 대한 불안 때문이라고 생각하십니까?

사르트르 그렇다고 말할 수 있습니다. 죽음을 두려워하는 것은 살아 있는 생물체의 본능입니다. 동물도 죽음을 두려워하며, 자살을 각오한 사람도 막상 죽음 앞에서는 두려움을 느끼고 한 발자국 물러선다고 합니다.

 그러나 문제는 죽음에 대한 두려움 자체가 아니라 죽은 후의 영혼에 관한 문제입니다. 육체가 소멸한 후에도 영혼이 살아 있다고 한다면 당연히 그 영혼을 위해서 무엇인가 준비를 해야 하고 그 때문에 종교가 존재하는 것입니다. 영혼이 사멸한다면 종교는 사라지고 맙니다. 그래서 종교는 온갖 상상력을 동원하여 죽음 후에도 영혼은 계속 존재한다고 주장하지만 정상적인 사고력을 가진 사람들은 거기에 동의하지 않습니다. 독일의 철학자 포이어바흐가 종교를 비판하면서 영혼의 불멸성을 비판한 것은 그러한 이유에서였습니다.

 지금까지 수많은 시도가 있었으나 죽음 자체를 극복하고자 하는 무용한 노력은 성공하지 못했습니다. 결국 인간은 누구나 한 번 죽기

중국의 진시황은 불로장생의 묘약을 찾기 위해 애썼으나 결국 실패했다.

마련인 것인데, 우리는 그 사실을 담담히 받아들여야 합니다. 인간은 오히려 죽음이 아니라 무가치한 삶을 극복하는 데 노력을 경주해야 합니다.

강물 맑스주의자들은 죽음을 어떻게 생각합니까, 루카치 선생님?

루카치 맑스주의자들은 철저한 유물론자들이기 때문에 자연스럽게 무신론자가 될 수밖에 없습니다. 맑스주의자들은 영혼불멸설, 신의 존재 등을 부정하며 철저하게 과학적으로 살아가려 합니다. 다만 죽음이 살아 있는 현세의 사람들에게 미치는 영향을 고려합니다. 노동자들은 결코 맑스주의를 만든 맑스와 엥겔스의 영혼이 살아 있어 자신들을 도와준다고 생각하지 않으며, 다만 그들이 남긴 철학이 노동운동에 어떤 영향을 미치는가를 생각합니다. 노동자들이 그들의 탄생일을 기념하는 것은 아직도 살아 있는 그들의 영혼을 위로하기 위해서가 아니라 그들이 남긴 업적을 다시 한 번 기리기 위해서입니다. 그러므로 그들의 혼은 사후세계가 아니라 바로 노동자들의 가슴속에 살아 있는 것입니다. 조국과 민족을 위해서 기꺼이 목숨을 바치고자 하는 애국자들이 있는 것도 바로 그와 같은 생각 때문이 아니겠습니까?

사르트르 맞습니다. 나는 맑스주의자가 아니지만 죽음의 문제에 있어서는 맑스주의자들과 생각이 일치합니다. 아마 부조리한 죽음을 맞이한 카뮈 선생님도 같은 생각일 것 같습니다. 얼마나 오래 사느냐가 아니라 얼마나 값있게 사느냐가 중요합니다. 베트남전쟁을 예로 들어봅시다. 전투를 하면서 침략한 미군도 죽어가고 조국을 지키기 위해 나선 전사들도 죽어갈 것입니다. 그중 어떤 사람은 집에 두고 온 가족들을 생각하며 죽을 것이고, 어떤 사람들은 하느님에게 기도를 하면서 죽을 것이고, 어떤 사람들은 미국이 선전하는 자유를 위해 죽는다고 생각할 것이고, 어떤 사람들은 조국을 위해 죽는다고 생각하며 미소 지을 것입니다. 그러나 결국 죽음의 가치는 후대의 역사가 결정하며 그것은 바로 삶의 가치와 직결됩니다. 여하튼 어느 순간에 죽는다 해도 후대 사람들에게 부끄러움이 없이 떳떳하게 죽을 수 있는 사람이 바로 삶과 죽음을 가장 잘 실천한 철학자입니다.

강물 고맙습니다. 그것은 철학자뿐만 아니라 사람답게 살려는 모든 인간들의 희망이겠지요. 그렇다면 한국 사람들은 죽음에 대해 어떤 태도를 가져야 되겠습니까? 사르트르 선생님께서 말씀해주시기 바랍니다.

사르트르 인간은 누구나 결국 죽게 됩니다. 그러므로 죽음을 두려워할 필요가 없습니다. 값있는 일을 하다가 죽는 것이 중요합니다. 그런 점에서 한국 사람들에게는 살아도 통일을 위해 살고 죽어도 통일을 위해 죽는 것이 가장 보람된 일일 것이라고 생각합니다.

강물 통계상으로 볼 때 한국 사람들 가운데 교통사고 사망자뿐만 아니라 자살로 죽는 사람들이 많은 것 같은데 그 원인은 무엇이며 해결책은 어떤 것이 있을지 루카치 선생님께서 말씀해주실 수 있겠습니까?

루카치 다른 나라에 비해서 비율이 높다는 말이겠지요. 어느 나라나 교통사고나 자살로 사망하는 사람은 있게 마련입니다. 그러나 교통사고도 그렇지만 특히 자살의 경우에는 사회적인 책임이 큽니다. 부르주아 심리학자들은 자살의 원인을 가정이나 개인의 문제에서 찾으려 합니다만 그것은 문제의 본질을 호도하는 것입니다. 다시 말하면 그것은 사회구조의 문제에 눈을 돌리기를 두려워하거나 그럴 능력이 없는 학자들의 눈가림입니다. 그것은 문제의 본질을 보지 못하고 현상에만 얽매이는 실증주의적인 방법이기도 하지요.

교통사고를 주목해봅시다. 정부가 지나치게 자동차 회사의 이윤만 고려하지 않고 자동차의 생산량을 조정하며, 안전한 도로망을 건설하고, 국민들이 허둥거리지 않고 여유롭게 삶을 살아갈 수 있도록 노동시간을 규정하는 나라에서는 교통사고가 그렇게 많이 일어나지 않을 것입니다. 그와 마찬가지로 국가가 사람들이 여유를 가질 수 있고 소외를 느끼지 않으며 살 수 있는 사회적 여건을 만들어준다면 자살율도 줄어들 것입니다. 구체적으로 말하면 실업 때문에 고민하는 사람이 없어야 하며, 빈부의 격차로 소외를 느끼는 사람이 없어야 합니다. 주위 사람을 모두 형제처럼 생각하며 더불어 살아간다는 생활 태도를 가져야 합니다. 인간의 가치가 돈에 의해서 평가되는 사회에서는 죽는 게 사는 것보다 낫다는 생각이 들지 않을 수 없습니다. 나는 "나만 잘 살면 된다"는 식의 개인주의·이기주의가 만연해 있는 사회 분위기가 자살의 최대 원인이라고 생각합니다.

강물 고맙습니다. 이익이 되는 것이 곧 진리라고 가르치는 실용주의적 교육 이념을 다시 한 번 비판적으로 되돌아보아야 할 것 같습니다.

무엇을 위한 철학인가?

강물 장시간에 걸친 토론을 마칠 시간이 되었습니다. 저는 개인적으로 루카치 선생님이 참여하심으로써 이 토론이 질적으로 매우 높은 수준에 도달했다는 느낌을 받았습니다. 루카치 선생님의 날카로운 비판이 없었다면 이 토론은 부르주아적인 철학의 한계 안에서 맴돌았을 것입니다. 루카치 선생님은 사회주의적인 현실과 사회주의 이론을 끌어들이며 이 토론의 폭을 넓혀주셨고 현대의 철학 논쟁에서 맑스주의적인 견해가 빠져서는 안 된다는 사실을 여러 측면에서 구체적으로 보여주셨습니다. 다시 한 번 감사를 드리며 루카치 선생님께 이 토론의 총평을 부탁드립니다.

루카치 감사합니다. 자기 틀 안에 갇혀서 우물 안 개구리 식으로 사고하는 것은 인류 전체를 포괄하는 보편적인 휴머니즘의 실현과 거리가 멀 것입니다.

　카뮈 선생은 부조리와 반항을 출발점으로 하고 정의의 실현을 염두에 두며 철학을 했기 때문에 이 토론에서도 그 입장을 견지했습니다. 사르트르 선생은 개인의 자유로운 결단을 중요히 여기면서도 사회의 중요성을 간과하지 않는 입장에서 맑스주의를 인정하기도 하고 비판하기도 했습니다. 나는 맑스주의의 입장에서 두 선생의 철학을 비판했습니다.

카뮈 선생이 말하는 부조리는 결국 부조리한 자본주의사회의 모순을 반영한 것이며 그것은 이미 니체가 말한 허무주의라는 말에서도 나타났습니다. 선생의 정의관에는 올바른 역사의식이 결여되어 있고 과학적인 사회 분석도 자리 잡지 못했다고 생각합니다. 부조리한 상황이 있다면 그것을 인간의 운명이라 생각하고 사랑만 할 것이 아니라 그 원인을 과학적으로 분석하고 모든 수단을 동원하여 그것을 척결해가는 투쟁이 바로 인간다운 삶을 만들어주는 것이 아닐까요?

사르트르 선생은 사회문제에 눈을 돌리고 실천적인 활동도 열심히 하셨습니다만 선생이 말하는 자유란 고립된 개인의 자유로, 다분히 환상적인 것입니다. 개인의 자유로운 결단도 물질적인 조건으로부터 그 동기가 유발된다는 사실을 간과했습니다. 대부분의 부르주아 철학자들은 구체적인 역사를 떠나 이념 속에서 사회적인 모순을 극복하려 하였는데 그것은 바로 현실도피이고 지적인 유희입니다. 이것이 주관적 관념론 철학이 지니는 어쩔 수 없는 한계입니다. 그리고 그러한 한계를 극복할 수 있는 철학이 바로 유물론입니다.

미래의 철학은 이 두 선생의 철학을 타산지석으로 삼아 좀 더 과학적이고 유물론적이 되어야 합니다. 인류가 직면하고 있는 현실적인 문제를 과학적으로 규명하는 철학이 필요합니다. 오늘날 인류가 직면한 가장 중요한 문제는 인간소외라고 생각합니다. 철학자들은 그것이 발생하거나 그것과 연관되는 사회구조를 먼저 분석해야 합니다. 다시 말하면 자본주의 사회구조가 낳은 모순들을 파헤쳐야 한다는 것입니다.

나는 인간소외는 결국 황금만능주의에서 초래되는 것이기에, 사유재산이 폐기되고 모두가 즐거운 마음으로 창조적 노동에 전념할 수 있는 사회 안에서만 극복될 수 있다고 생각합니다. 이 나라를 비롯한 아시아의 많은 사람들이 구미의 이기적이고 개인주의적인 물질문명에 오염되어 있고 그것을 합리화하는 철학에 빠져 있습니다. 한국 사람들이 올바른 철학을 통해서 그러한 적폐를 청산하고 인간다운 삶을 살 수 있기를 바랍니다.

(청중 우레 같은 박수)

강물 저도 루카치 선생님의 고견에 동감입니다. 우리나라 속담에 "개미 쳇바퀴 돈다"는 말이 있는데 마치 자본주의만이 유일한 사상이고 자본주의사회만이 유일하게 영원히 변하지 않는 사회구조인 것처럼 착각하는 부르주아적인 철학자들은 많은 반성을 해야 할 것 같습니다. 자본주의 사회구조가 낳는 모순과 문제들에 다시 한 번 눈을 돌려야 합니다. 그럼 카뮈 선생님과 사르트르 선생님의 맺는말로 이 포럼을 마치겠습니다.

카뮈 문학과 철학은 모두 인간의 행복한 삶을 추구할 과제를 지닙니다. 다시 말하면 작가나 철학자는 정의가 실현되는 사회를 만드는 일에 동참해야 합니다. 그 실현 방식에서 각자의 생각이 다를 수도 있습니다. 하나의 주장만을 고집하는 것은 세계 평화를 위해서 도움이 되지 않는다고 생각합니다. 내가 생각하기에 자본주의사회나 사회주의사회나 삶의 부조리는 똑같이 존재합니다. 그것은 인간이 짊어진 영원한 운명입니다. 여하튼 세계인민이 모두 평화와 협력 속에서 살아야 한다는 사실에는 이론의 여지가 없습니다.

마지막으로 이번 철학 토론이 열린 이 나라의 아름다운 자연에 대하여 한마디 언급하지 않을 수 없습니다. 조선은 '조용한 아침의 나라'라는 말을 들은 적이 있습니다. 선명한 아침 하늘, 맑고 푸른 동해 바다, 그림처럼 아름다운 호수에 비친 아름다운 금강산은 내가 사랑했던 알제리의 자연 못지않게 아늑합니다. 또한 이렇게 아름다운 자연 속에서 살고 있는 사람들의 근면하고 소박한 삶이 나를 감동시켰습니다. 이 나라에 참된 평화가 깃들기를 진심으로 바랍니다.

(청중 우레 같은 박수)

사르트르 나는 맑스주의 철학을 완전히 긍정하지도 않고 완전히 부정하지도 않습니다. 그러나 오늘날에도 많은 사람들에게 고통을 주고 있는 제국주의의 침략이 존재하며 그 본질을 파악하는 데서 맑스주의 철학이 일정한 해답을 주고 있기 때문에 양심적인 지식인들은 거기에도 귀를 기울여야 한다고 생각합니다. 사회와 역사를 올바르게 인식할 수 없는 철학자는 철학자의 자격이 없으며 사회와 역사에서 나타나는 불의를 보고서도 침묵하는 철학자는 기회주의적이고 비양심적인 철학자일 뿐입니다.

　나도 인류의 가장 중요한 문제는 세계 평화를 유지하는 일이라고 생각합니다. 세계 평화가 유지되기 위해서는 약소국가의 인민들도 자유로운 선택에 의하여 자주적이고 창조적인 삶을 살 수 있어야 합니다. 특히 오늘날 지구상에 유일하게 남아 있는 분단국가의 비극은 하루 빨리 사라져야 합니다. 자연이 아무리 아름답다 해도 분단이라는 비극이 상존하고 있다면 이곳에서 살아가는 사람들의 마음은 편안하지 못할 것입니다. 따라서 이 땅이 빨리 통일되고 남과 북의 철학자들이 함께하는 철학포럼이 개최되기를 진심으로 기원합니다.

　(청중 우레 같은 박수)

-끝-

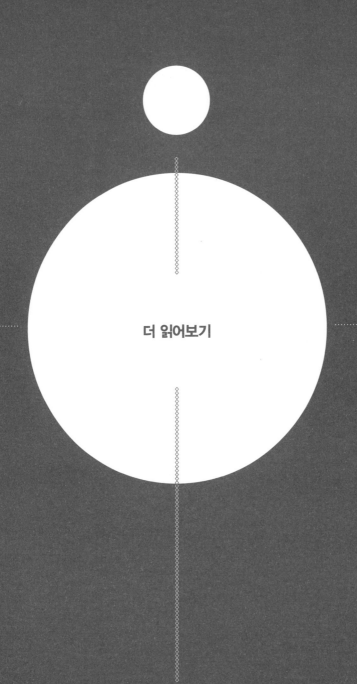

더 읽어보기

카뮈와 사르트르의 명언들

카뮈의 명언들 ─────────────────────────

"나는 반항한다. 그러므로 존재한다."
..... 카뮈는 인간의 특징을 반항에서 찾으려 한다. 카뮈가 말하는 가장 중요한 반항은 형이
상학적 반항, 다시 말하면 부조리한 운명을 사랑하면서 극복해가는 반항이다.

"인생은 짧다. 그러므로 시간을 낭비하는 것은 죄악이다."
..... 18세기 프랑스의 철학자 볼테르도 비슷한 말을 하였다. 시간은 사람을 기다리지 않으
므로 우리는 시간을 아끼며 열심히 살아가야 한다.

"나는 가난 속에서 자유를 배웠다."
..... 가난과 궁핍 혹은 속박이 참된 자유의 본질을 일깨워준다. 역으로 말하면 부유함 속에
서 살아가는 사람은 부유함에 파묻혀 창조성을 잃기 쉽다.

"삶에 대한 절망 없이는 삶에 대한 희망도 없다."
..... 절망과 희망, 불행과 고통, 슬픔과 기쁨, 화와 복 등은 항상 변증법적으로 연관되어 있다.

"인간은 현재 있는 그대로의 상태를 거부하는 유일한 피조물이다."
..... 현 상태를 벗어나 새로운 것을 개척하려고 하는 데 인간의 특징이 있다. 그러므로 인간
은 항상 미래를 바라보며 살아가야 한다.

"초월자에 눈을 돌리는 것도 일종의 형이상학적인 자살이다."

..... 삶의 부조리를 벗어나기 위해서 신이나 초월자에 눈을 돌리는 것은 자살과 마찬가지로 현실적인 삶을 포기하는 것이다.

"무책임한 예술가의 시대는 지났다."

..... 현대의 예술가는 시대의 문제를 외면해서는 안 된다.

사르트르의 명언들

"실존은 본질에 앞선다."

..... 사람은 그의 부모가 미리 갖고 있던 어떤 목적에 합당한 존재로 태어나는 것이 아니며 무의 상태로 태어나 상황에 따라 스스로 자신의 본질을 만들어가는 존재다. 인간은 존재하기 전에는 무이고 존재하게 된 후에 스스로 자신의 인격(본질)을 만들어간다.

"선택하지 않는 것도 선택이다."

..... 선택을 하지 않는 것도 자신의 의지에 따른 것이기 때문에 일종의 선택이며 인간은 그에 대하여 책임을 져야 한다.

"신이 존재한다면 인간이 존재하지 않고, 인간이 존재한다면 신은 존재하지 않는다."

..... 인간과 신은 서로 양립할 수 없는 존재다.

"신으로부터 벗어날 때 인간은 더 많은 책임감을 갖게 된다."

..... 신이 없을 때 인간은 보다 큰 자주성과 책임감을 갖게 되며, 자유와 선택과 책임은 항상 불가분의 관계에 있다.

"인간은 자유라는 저주를 받았다."

..... 인간은 항상 자유로운 결단에 의해서 자기 자신을 만들어가야 하는 운명을 짊어지고 있다.

"인간은 무에 의해서 침투되어 있다."

..... 사물과 달리 무한한 가능성을 가진 인간은 지금 있지 않은 미래의 어떤 것에 의해 규정된다.

"우리가 적의 강점 시기에서보다도 더 자유로운 때는 없었다."

..... 인간은 어떤 상황에서도 자유로우며, 강요된 상황에 처할수록 자유로운 결단의 가능성은 더 높아진다.

"맑스주의는 더 이상 능가될 수 없는 철학이다."

..... 물론 맑스주의가 완전무결하지는 않지만 그래도 현대 서구 철학 가운데서는 최선의 경지에 도달했다.

역대 노벨문학상 수상자

1901년 쉴리 프뤼돔(Sully Prudhomme, 1839~1907, 프랑스 시인)

1902년 테오도어 몸젠(Theodor Mommsen, 1817~ 1903, 독일 역사학자)

1903년 비에른스티에르네 비에른손(Bjørnstjerne Bjørnson, 1832~1910, 노르웨이
소설가)

1904년 프레데리크 미스트랄(Frédéric Mistral, 1830~1914, 프랑스 시인)
호세 에체가라이(José Echegaray, 1832~1916, 스페인 극작가)

1905년 헨리크 시엔키에비치(Henryk Sienkiewicz, 1846~1916, 폴란드 소설가)

1906년 조수에 카르두치(Giosuè Carducci, 1835~1907, 이탈리아 시인)

1907년 러디어드 키플링(Rudyard Kipling, 1865~1936, 영국 소설가)

1908년 루돌프 크리스토프 오이켄(Rudolf Christoph Eucken, 1846~1926, 독일
철학자)

1909년 셀마 라겔뢰프(Selma Lagelöf, 1858~1940, 스웨덴 소설가)

1910년 파울 요한 루트비히 폰 하이제(Paul Johann Ludwig von Heyse, 1830~1914,
독일의 작가)

1911년 모리스 마테를링크(Maurice Maeterlinck, 1862~1949, 벨기에 시인)

1912년 게르하르트 하웁트만(Gerhart Hauptmann, 1862~1946, 독일 작가)

1913년 라빈드라나트 타고르(Rabindranath Tagore, 1861~1941, 인도 시인)

1914년 수상자 없음.

1915년 로맹 롤랑(Romain Rolland, 1866~1944, 프랑스 소설가)

| 1916년 | 베르네르 폰 헤이덴스탐(Verner von Heidenstam, 1859~1940, 스웨덴 시인) |

1916년 베르네르 폰 헤이덴스탐(Verner von Heidenstam, 1859~1940, 스웨덴 시인)

1917년 카를 아돌프 기엘레루프(Karl Adolph Gjellerup, 1857~1919, 덴마크 시인)

헨리크 폰토피단(Henrik Pontoppidan, 1857~1943, 덴마크 소설가)

1918년 수상자 없음.

1919년 카를 슈피텔러(Carl Spitteler, 1845~1924, 스위스 시인)

1920년 크누트 함순(Knut Hamsun, 1859~1952, 노르웨이 소설가)

1921년 아나톨 프랑스(Anatole France, 1844~1924, 프랑스 작가)

1922년 하신토 베나벤테(Jacinto Benavente, 1866~1954, 스페인 극작가)

1923년 윌리엄 버틀러 예이츠(William Butler Yeats, 1865~1939, 아일랜드 시인)

1924년 브와디스와프 레이몬트(Władysław Stanisław Reymont, 1867~1925, 폴란드 작가)

1925년 조지 버나드 쇼(George Bernard Shaw, 1856~1950, 아일랜드 작가)

1926년 그라치아 델레다(Grazia Deledda, 1871~1936, 이탈리아 소설가)

1927년 앙리 베르그송(Henri-Louis Bergson, 1859~1941, 프랑스 철학자)

1928년 시그리드 운세트(Sigrid Undset, 1882~1949, 노르웨이 소설가)

1929년 토마스 만(Thomas Mann, 1875~1955, 독일 소설가)

1930년 싱클레어 루이스(Sinclair Lewis, 1885~1951, 미국 소설가)

1931년 에리크 악셀 카를펠트(Erik Axel Karlfeldt, 1864~1931, 스웨덴 시인)

1932년 존 골즈워디(John Galsworthy, 1867~1933, 영국 소설가)

1933년 이반 알렉세예비치 부닌(Ivan Alekseevich Bunin, 1870~1953, 러시아 작가)

1934년 루이지 피란델로(Luigi Pirandello, 1867~1936, 이탈리아 극작가)

1935년 수상자 없음.

1936년 유진 오닐(Eugene O'Neill, 1888~1953, 미국의 극작가)

1937년 로제 마르탱뒤가르(Roger Martin du Gard, 1881~1958, 프랑스 소설가)

1938년 펄 벅(Pearl Buck, 1892~1973, 미국 작가)

1939년 프란스 에밀 실란페(Frans Eemil Sillanpää, 1888~1964, 핀란드 소설가)

1943년 제2차 세계대전으로 중단.

1944년 요하네스 빌헬름 옌센(Johannes Vilhelm Jensen, 1873~1955, 덴마크 소설가)

1945년 가브리엘라 미스트랄(Gabriela Mistral, 1889~1957, 칠레 시인)

1946년 헤르만 헤세(Hermann Hesse, 1877~1962, 독일의 소설가)

1947년 앙드레 지드(Andre Gide, 1869~1951, 프랑스 소설가)

1948년 토마스 스턴스 엘리엇(Thomas Stearns Eliot, 1888~1965, 영국 시인)

1949년 윌리엄 포크너(William Cuthbert Faulkner, 1897~1962, 미국 작가)

1950년 버트런드 러셀(Bertrand Arthur William Russell, 1872~1970, 영국 철학자)

1951년 페르 라게르크비스트(Pär Lagerkvist, 1891~1974, 스웨덴 소설가)

1952년 프랑수아 모리아크(François Mauriac, 1885~1970, 프랑스 소설가)

1953년 윈스턴 처칠(Winston Churchill, 1874~1965, 영국 정치가)

1954년 어니스트 헤밍웨이(Ernest Hemingway, 1899~1961, 미국 소설가)

1955년 할도르 락스네스(Halldór Kiljan Laxness, 1902~1998, 아이슬란드 소설가)

1956년 후안 라몬 히메네스(Juan Ramón Jiménez, 1881~1958, 스페인 시인)

1957년 알베르 카뮈(Albert Camus, 1913~1960, 프랑스 작가)

1958년 보리스 파스테르나크(Boris Pasternak, 1890~ 1960, 러시아 소설가) **수상 거부**

1959년 살바토레 콰시모도(Salvatore Quasimodo, 1901~1968, 이탈리아 시인)

1960년 생존 페르스(Saint-John Perse, 1887~1975, 프랑스 작가)

1961년 이보 안드리치(Ivo Andrić, 1892~1975, 보스니아 문학가)

1962년 존 스타인벡(John Steinbeck, 1902~1968, 미국 소설가)

1963년 요르기오스 세페리스(George Seferis, 1900~1971, 그리스 시인)

1964년 장폴 사르트르(Jean-Paul Sartre, 1905~1980, 프랑스 철학자) **수상 거부**

1965년 미하일 알렉산드로비치 숄로호프(Mikhail Aleksandrovich Sholokhov, 1905~1984, 러시아 작가)

1966년 슈무엘 요세프 아그논(Shmuel Yosef Agnon, 1888~1970, 이스라엘 소설가)

넬리 작스(Nelly Sachs, 1891~1970, 스웨덴 시인)

1967년 미겔 앙헬 아스투리아스(Miguel Ángel Asturias, 1899~1974, 과테말라 소설가)

1968년 가와바타 야스나리(川端 康成, 1899~1972, 일본 소설가)

1969년 사뮈엘 베케트(Samuel Beckett, 1906~1989, 아일랜드 극작가)

1970년 알렉산드르 솔제니친(Aleksandr Solzhenitsyn, 1918~2008, 러시아 소설가)

1971년 파블로 네루다(Pablo Neruda, 1904~1973, 칠레 시인)

1972년 하인리히 뵐(Heinrich Böll, 1917~1985, 독일 소설가)

1973년 패트릭 화이트(Patrick White, 1912~1990, 오스트레일리아 소설가)

1974년 에위빈드 욘손(Eyvind Johnson, 1900~1976, 스웨덴 소설가)

하뤼 마르틴손(Harry Edmund Martinson, 1904~1978, 스웨덴 소설가)

1975년 에우제니오 몬탈레(Eugenio Montale, 1896~1981, 이탈리아 시인)

1976년 솔 벨로(Saul Bellow, 1915~2005, 미국 소설가)

1977년 비센테 알레익산드레(Vicente Aleixandre, 1898~1984, 스페인 시인)

1978년 아이작 바셰비스 싱어(Isaac Bashevis Singer, 1902~1991, 미국·폴란드 소설가)

1979년 오디세아스 엘리티스(Odysseas Elytis, 1911~1996, 그리스 시인)

1980년 체스와프 미워시(Czeslaw Milosz, 1911~2004, 폴란드 작가)

1981년 엘리아스 카네티(Elias Canetti, 1905~1994, 영국 작가)

1982년 가브리엘 가르시아 마르케스(Gabriel García Márquez, 1927~2014, 콜롬비아 작가)

1983년 윌리엄 골딩(William Golding, 1911~1993, 영국 소설가)

1984년 야로슬라프 사이페르트(Jaroslav Seifert, 1901~1986, 체코 시인)

1985년 클로드 시몽(Claude Simon, 1913~2005, 프랑스 소설가)

1986년 윌레 소잉카(Oluwole Soyinka, 1934~, 나이지리아 소설가)

1987년 조지프 브로드스키(Joseph Brodsky, 1940~1996, 미국 시인)

1988년 나기브 마푸즈(Nagīb Mahfūz, 1911~2006, 이집트 작가)

1989년 카밀로 호세 셀라(Camilo Jose Cela, 1916~2002, 스페인 소설가)

1990년 옥타비오 파스(Octavio Paz Lozano, 1914~1998, 멕시코 시인)

1991년 네이딘 고디머(Nadine Gordimer, 1923~2014, 남아프리카 공화국 소설가)

1992년 데릭 월컷(Derek Walcott, 1930~2017, 세인트루시아의 시인)

1993년 토니 모리슨(Toni Morrison, 1931~, 미국 작가)

1994년 오에 겐자부로(大江 健三郎, 1935~, 일본 소설가)

1995년 셰이머스 히니(Seamus Heaney, 1939~2013, 아일랜드 시인)

1996년 비스와바 심보르스카(Wislawa Szymborska, 1923~2012, 폴란드 시인)

1997년 다리오 포(Dario Fo, 1926~2016, 이탈리아 극작가)

1998년 주제 사라마구(Sousa Saramago, 1922~2010, 포르투갈 소설가)

1999년 귄터 그라스(Günter Grass, 1927~2015, 독일 작가)

2000년 가오싱젠(高行健, 1940~, 프랑스 작가)

2001년 비디아다르 수라지프라사드 나이폴(Vidiadhar Surajprasad Naipaul, 1932~
2018, 영국 소설가)

2002년 케르테스 임레(Kertész Imre, 1929~2016, 헝가리 소설가)

2003년 존 맥스웰 쿠체(John Maxwell Coetzee, 1940~, 남아프리카 공화국 작가)

2004년 엘프리데 옐리네크(Elfriede Jelinek, 1946~, 오스트리아 극작가)

2005년 해럴드 핀터(Harold Pinter, 1930~2008, 영국 극작가)

2006년 오르한 파묵(Orhan Pamuk, 1952~, 터키 소설가)

2007년 도리스 레싱(Doris Lessing, 1919~2013, 영국 작가)

2008년 장마리 귀스타브 르 클레지오(Jean-Marie Gustave Le Clézio, 1940~, 프랑스 소설가)

2009년 헤르타 뮐러(Herta Müller, 1953~, 독일 소설가)

2010년 마리오 바르가스 요사(Mario Vargas Llosa, 1936~, 페루 작가)

2011년 토마스 트란스트뢰메르(Tomas Tranströmer, 1931~ 2015, 스웨덴 시인)

2012년 모옌(莫言, 1955~, 중국 소설가)

2013년 앨리스 먼로(Alice Munro, 1931~, 캐나다 소설가)

2014년 파트리크 모디아노(Patrick Modiano, 1945~, 프랑스 소설가)

2015년 스베틀라나 알렉시예비치(Svetlana Alexievich, 1948~, 벨라루스 작가)

2016년 밥 딜런(Bob Dylan, 1941~, 미국 시인·작곡가)

2017년 가즈오 이시구로(Kazuo Ishiguro, 1954~, 영국·일본 소설가)

2018년 수상자 없음.

푸른들녘 인문·교양 시리즈

인문·교양의 다양한 주제들을 폭넓고 섬세하게 바라보는 〈푸른들녘 인문·교양〉 시리즈. 일상에서 만나는 다양한 주제들을 통해 사람의 이야기를 들여다본다. '앎이 녹아든 삶'을 지향하는 이 시리즈는 주변의 구체적인 사물과 현상에서 출발하여 문화·정치·경제·철학·사회·예술·역사 등 다방면의 영역으로 생각을 확대할 수 있도록 구성되었다. 독특하고 풍미 넘치는 인문·교양의 향연으로 여러분을 초대한다.

2014 한국출판문화산업진흥원 청소년 권장도서 | 2014 대한출판문화협회 청소년 교양도서

001 옷장에서 나온 인문학

이민정 지음 | 240쪽

옷장 속에는 우리가 미처 눈치 채지 못한 인문학과 사회학적 지식이 가득 들어 있다. 옷은 세계 곳곳에서 벌어지는 사건과 사람의 이야기를 담은 이 세상의 축소판이다. 패스트패션, 명품, 부르카, 모피 등등 다양한 옷을 통해 인문학을 만나자.

2014 한국출판문화산업진흥원 청소년 권장도서 | 2015 세종우수도서

002 집에 들어온 인문학

서윤영 지음 | 248쪽

집은 사회의 흐름을 은밀하게 주도하는 보이지 않는 손이다. 단독주택과 아파트, 원룸과 고시원까지, 겉으로 드러나지 않는 집의 속사정을 꼼꼼히 들여다보면 어느덧 우리 옆에 와 있는 인문학의 세계에 성큼 들어서게 될 것이다.

2014 한국출판문화산업진흥원 청소년 권장도서

003 책상을 떠난 철학

이현영 · 장기혁 · 신아연 지음 | 256쪽

철학은 거창한 게 아니다. 책을 통해서만 즐길 수 있는 박제된 사상도 아니다. 언제 어디서나 부딪힐 수 있는 다양한 고민에 질문을 던지고, 이에 대한 답을 스스로 찾아가는 과정이 바로 철학이다. 이 책은 그 여정에 함께할 믿음직한 나침반이다.

2015 세종우수도서

004 우리말 밭다리걸기

나윤정 · 김주동 지음 | 240쪽

우리말을 정확하게 사용하는 사람은 얼마나 될까? 이 책은 일상에서 실수하기 쉬운 잘못들을 꼭 집어내어 바른 쓰임과 연결해주고, 까다로운 어법과 맞춤법을 깨알 같은 재미로 분석해주는 대한민국 사람을 위한 교양 필독서다.

2014 한국출판문화산업진흥원 청소년 권장도서

005 내 친구 톨스토이

박홍규 지음 | 344쪽

톨스토이는 누구보다 삐딱한 반항아였고, 솔직하고 인간적이며 자유로웠던 사람이다. 자유 · 자연 · 자치의 삶을 온몸으로 추구했던 거인이다. 시대의 오류와 통념에 정면으로 맞선 반항아 톨스토이의 진짜 삶과 문학을 만나보자.

006 걸리버를 따라서, 스위프트를 찾아서

박홍규 지음 | 348쪽

인간과 문명 비판의 정수를 느끼고 싶다면《걸리버 여행기》를 벗하라! 그러나《걸리버 여행기》를 제대로 이해하고 싶다면 이 책을 읽어라! 18세기에 쓰인《걸리버 여행기》가 21세기 오늘을 살아가는 우리에게 어떻게 적용되는지 따라가보자.

007 까칠한 정치, 우직한 법을 만나다

승지홍 지음 | 440쪽

"법과 정치에 관련된 여러 내용들이 어떤 식으로 연결망을 이루는지, 일상과 어떻게 관계를 맺고 있는지 알려주는 교양서! 정치 기사와 뉴스가 쉽게 이해되고, 법정 드라마 감상이 만만해지는 인문 교양 지식의 종합선물세트!

008/009 청년을 위한 세계사 강의 1, 2

모지현 지음 | 각 권 450쪽 내외

역사는 인류가 지금까지 움직여온 법칙을 보여주고 흘러갈 방향을 예측하게 해주는 지혜의 보고(寶庫)다. 인류 문명의 시원 서아시아에서 시작하여 분쟁 지역 현대 서아시아로 돌아오는 신개념 한 바퀴 세계사를 읽는다.

010 망치를 든 철학자 니체
vs. 불꽃을 품은 철학자 포이어바흐

강대석 지음 | 184쪽

유물론의 아버지 포이어바흐와 실존주의 선구자 니체가 한판 붙는다면? 박제된 세상을 겨냥한 철학자들의 돌직구와 섹시한 그들의 뇌구조 커밍아웃! 무릉도원의 실제 무대인 중국 장가계에서 펼쳐지는 까칠하고 직설적인 철학 공개토론에 참석해보자!

011 맨 처음 성^性 인문학

박홍규 · 최재목 · 김경천 지음 | 328쪽

대학에서 인문학을 가르치는 교수와 현장에서 청소년 성 문제를 다루었던 변호사가 한마음으로 집필한 책. 동서양 사상사와 법률 이야기를 바탕으로 누구나 알지만 아무도 몰랐던 성 이야기를 흥미롭게 풀어낸 독보적인 책이다.

012 가거라 용감하게, 아들아!

박홍규 지음 | 384쪽

지식인의 초상 루쉰의 삶과 문학을 깊이 파보는 책. 문학 교과서에 소개된 루쉰, 중국사에 등장하는 루쉰의 모습은 반쪽에 불과하다. 지식인 루쉰의 삶과 작품을 온전히 이해하고 싶다면 이 책을 먼저 읽어라!!

013 태초에 행동이 있었다

박홍규 지음 | 400쪽

인생아 내가 간다, 길을 비켜라! 각자의 운명은 스스로 개척하는 것! 근대 소설의 효시, 머뭇거리는 청춘에게 거울이 되어줄 유쾌한 고전, 흔들리는 사회에 명쾌한 방향을 제시해줄 지혜로운 키잡이 세르반테스의 『돈키호테』를 함께 읽는다!

014 세상과 통하는 철학

이현영 · 장기혁 · 신아연 지음 | 256쪽

요즘 우리나라를 '헬 조선'이라 일컫고 청년들을 'N포 세대'라 부르는데, 어떻게 살아야 되는 걸까? 과학 기술이 발달하면 우리는 정말 더 행복한 삶을 살 수 있을까? 가장 실용적인 학문인 철학에 다가서는 즐거운 여정에 참여해보자.

015 명언 철학사

강대석 지음 | 400쪽

21세기를 살아갈 청년들이 반드시 읽어야 할 교양 철학사. 철학 고수가 엄선한 사상가 62명의 명언을 통해 서양 철학사의 흐름과 논점, 쟁점을 한눈에 꿰뚫어본다. 철학 및 인문학 초보자들에게 흥미롭고 유용한 인문학 나침반이 될 것이다.

016 청와대는 건물 이름이 아니다

정승원 지음 | 272쪽

재미와 쓸모를 동시에 잡은 기호학 입문서. 언어로 대표되는 기호는 직접적인 의미 외에 비유적이고 간접적인 의미를 내포한다. 따라서 기호가 사용되는 현상의 숨은 뜻과 상징성, 진의를 이해하려면 일상적으로 통용되는 기호의 참뜻을 알아야 한다.

017 내가 사랑한 수학자들

박형주 지음 | 208쪽

20세기에 활약했던 다양한 개성을 지닌 수학자들을 통해 '인
간의 얼굴을 한 수학'을 그린 책. 그들이 수학을 기반으로 어떻
게 과학기술을 발전시켰는지, 인류사의 흐름을 어떻게 긍정적
으로 변화시켰는지 보여주는 교양 필독서다.

018 루소와 볼테르 인류의 진보적 혁명을 논하다

강대석 지음 | 232쪽

볼테르와 루소의 논쟁을 토대로 "무엇이 인류의 행복을 증진
할까?", "인간의 불평등은 어디서 기원하는가?", "참된 신앙이
란 무엇인가?", "교육의 본질은 무엇인가?", "역사를 연구하는
데 철학이 꼭 필요한가?" 등의 문제에 대한 답을 찾는다.

019 제우스는 죽었다 그리스로마 신화 파격적으로 읽기

박홍규 지음 | 416쪽

그리스 신화에 등장하는 시기와 질투, 폭력과 독재, 파괴와 침
략, 지배와 피지배 구조, 이방의 존재들을 괴물로 치부하여
처단하는 행태에 의문을 품고 출발, 종래의 무분별한 수용을
비판하면서 신화에 담긴 3중 차별 구조를 들춰보는 새로운
시도.

020 **존재의 제자리 찾기** 청춘을 위한 현상학 강의

박영규 지음 | 200쪽

현상학은 세상의 존재에 대해 섬세히 들여다보는 학문이다.
어려운 용어로 가득한 것 같지만 실은 어떤 삶의 태도를 갖추
고 어떻게 사유해야 할지 알려주는 학문이다. 이 책을 통해 존
재에 다가서고 세상을 이해하는 길을 찾아보자.

021 **코르셋과 고래뼈**

이민정 지음 | 312쪽

한 시대를 특징 짓는 패션 아이템과 그에 얽힌 다양한 이야기
를 풀어낸다. 생태와 인간, 사회 시스템의 변화, 신체 특정 부
위의 노출, 미의 기준, 여성의 지위에 대한 인식, 인종 혹은 계
급의 문제 등을 복식 아이템과 연결하여 흥미롭게 다뤘다.

022 **불편한 인권**

박홍규 지음 | 456쪽

저자가 성장 과정에서 겪었던 인권탄압 경험을 바탕으로 인류
의 인권이 증진되어온 과정을 시대별로 살핀다. 대한민국의 헌
법을 세세하게 들여다보며, 우리가 과연 제대로 된 인권을 보
장받고 살아가고 있는지 탐구한다.

023 노트의 품격

이재영 지음 | 272쪽

'역사가 기억하는 위대함, 한 인간이 성취하는 비범함'이란 결국 '개인과 사회에 대한 깊은 성찰'에서 비롯된다는 것, 그리고 그 바탕에는 지속적이며 내밀한 글쓰기 있었음을 보여주는 책.

024 검은물잠자리는 사랑을 그린다

송국 지음, 장신희 그림 | 280쪽

곤충의 생태를 생태화와 생태시로 소개하고, '곤충의 일생'을 통해 곤충의 생태가 인간의 삶과 어떤 지점에서 비교되는지 탐색한다.

025 헌법수업 말랑하고 정의로운 영혼을 위한

신주영 지음 | 324쪽

'대중이 이해하기 쉬운 언어'로 법의 생태를 설명해온 가슴 따뜻한 20년차 변호사 신주영이 청소년들을 대상으로 헌법을 이야기한다. 우리에게 가장 중요한 권리, 즉 '인간을 인간으로서 살게 해주는 데, 인간을 인간답게 살게 해주는 데' 반드시 요구되는 인간의 존엄성과 기본권을 명시해놓은 '법 중의 법'으로서의 헌법을 강조한다.

026 **아동인권** 존중받고 존중하는 영혼을 위한

김희진 지음 | 240쪽

아동의 건강한 성장을 위한 권리 교육! 인권 수업은 아동 때부터, 그것도 진지하고도 치밀하게 시작되어야 한다! 우리 사회가 보호받아야 할 아동의 권리에 대해 얼마나 무지하고 무관심했는지를 돌아보고, 더 진전된 논의를 위한 단초를 제시한다. 부모, 교사를 비롯한 어른도 읽어야 하지만, 자아 존중감은 물론이고 타인의 인권에 대한 인식을 올바로 갖추어야 할 청소년기에 꼭 권장되어야 할 책.